백주석, 문경주 지음

행복한 기도여행

생명의말씀사

행복한 기도여행

ⓒ 생명의말씀사 2010

2010년 5월 25일 1판 1쇄 발행

펴 낸 이	김창영
펴 낸 곳	생명의말씀사
등 록	1962. 1. 10. No.300-1962-1
주 소	110-101 서울 종로구 송월동 32-43
전 화	02738-6555 본사, 023159-7979 영업부
팩 스	02739-3824 본사, 080-022-8585 영업부
저 자	백주석, 문경주
기획편집	정순화, 김지혜
디 자 인 일러스트	박인선
제 작	신기원, 오인선, 홍경민
마 케 팅	이지은, 선승희, 박혜은
영 업	박재동, 김창덕, 김규태, 이성빈, 김덕현, 황성수
인 쇄	영진문원
제 본	정문바인텍

ISBN 978-89-04-18000-4 (03230)

저작권자의 허락 없이 이 책의 일부 또는 전체를
무단 복제, 전재, 발췌하면 저작권법에 의해 처벌을 받습니다.

'인생역전'을 꿈꾸는 그대
'기도의 일곱 날개'를 펴라!

언제나 일이 우선이었던 연구원 존. 일의 성과를 통해 능력을 검증 받으면 성공의 문이 열리리라 굳게 믿어 왔던 그에게 어느 날 갑자기 실직의 파도가 밀려온다. 아내 메리는 멘토와 함께 떠나는 '행복한 기도여행'을 제안하고, 존은 그레이스파크에서 인생을 역전시키는 7가지 기도의 원리에 눈을 뜬다. 인생의 역전을 꿈꾸는 그대여! 기도의 일곱 날개를 활짝 펴라! 이제 '행복한 기도여행'으로 당신을 초대한다.

Start ... 2009년 2월

'행복한 기도여행'의 스토리는
백주석 목사님이 인도하신
'기도 부흥성회' 선포 메시지를
중심으로 창작되었습니다.

"하나님의 사랑으로 살아간다는 것은
실패의 나락에서 울부짖다가도
기도로 다시 일어서는 인생을
살아간다는 것입니다"

prolog

"행복한 기도여행으로 당신을 초대합니다"

"나는 낙선했다는 소식을 듣고 곧바로 음식점으로 달려갔다. 그리고는 배가 부를 정도로 많이 먹었다. 그 다음 이발소로 가서 머리를 곱게 다듬고 기름도 듬뿍 발랐다. 이제 아무도 나를 실패한 사람으로 보지 않을 것이다. 배가 든든하고 머리가 단정하니 내 걸음걸이가 곧을 것이고 내 목에서 나오는 목소리는 힘찰 것이다. 이제 나는 또 시작한다. 다시 힘을 내자. 에이브러험 링컨, 다시 일어서자."

계속되는 실패를 경험한 직후, 링컨Abraham Lincoln의 모습입니다.

뼈아픈 실패를 겪은 다음 언제나 다시 일어섰고 결국 미국의 대통령이 되었던 링컨. 그는 기도의 사람이었습니다.

누구나 삶에서 고난의 골짜기를 만날 수 있습니다. 헤아릴 수 없이 많은 암초가 우리 앞에 놓여 있습니다. 우리는 과연 어떻게 해야 합니까? 그 문제를 이겨 낼 힘은 오직 '기도'에 있습니다.

무릎을 꿇기 시작해야 합니다. 부르짖기 시작해야 합니다. 새벽 시간에 기도하고 밤에도 엎드려야 합니다. 주님은 기도의 훈련을 통해 광야 생활을 이겨 낼 수 있도록 위로를 주십니다. 실패의 인생이 다시 일어설 수 있도록 힘을 주십니다.

기도는 기쁨으로 가는 노래입니다.
기도는 축복의 문을 여는 열쇠입니다.

하나님의 사람이 된다는 것은 하나님의 마음을 감동시키는 기도의 사람이 된다는 것을 말합니다. 하나님의 사람으로 살아간다는 것은 실패의 나락에서 울부짖다가도 기도로 다시 일어서는 인생을 살아간다는 것입니다.

여기 기도를 통해 하나님께서 주시는 위로를 공급 받고 축복이라는 선물을 이끌어 내는 역전의 이야기가 펼쳐집니다. 그레이스 파크로 떠나는 기도여행 속에 7가지 '기도의 원리'가 우리를 기다립니다.

너희가 기도할 때에 무엇이든지
믿고 구하는 것은 다 받으리라(마 21:22).

이제 행복한 기도여행으로 당신을 초대합니다.
그리고 기도여행이 끝난 후 멘토로 우뚝 설 당신을 축복합니다.

행복한 기도여행

prolog | 행복한 기도여행으로 당신을 초대합니다 7

chapter 1
악몽 13

chapter 2
벼랑 끝에 서다 19

chapter 3
행복한 기도여행 27

chapter 4
야베스처럼 기도하라 37

chapter 5
부르짖으라 59

chapter 6
예수님의 기도습관 77

chapter 7
응답 받는 믿음의 기도 93

chapter 8
우리 삶이 기도가 되게 하라 117

chapter 9
목숨을 건 기도 139

chapter 10
기도의 삼겹줄을 만들라 159

chapter 11
열 장의 편지 183

chapter 12
존, 멘토가 되다 207

epilogue | 기도여행의 주인공을 만납시다 217
주 | 229

어떤 사람이 그의 친구에게 꿈을 말하여 이르기를
보라 내가 한 꿈을 꾸었는데 꿈에 보리떡 한 덩어리가
미디안 진영으로 굴러 들어와 한 장막에 이르러
그것을 쳐서 무너뜨려 위쪽으로 엎으니 그 장막이 쓰러지더라

(사사기 7장 13절)

악몽

"그럴 리가 없어요! 설마요. 제 이름이 없다는 게 말이 됩니까?"

존은 버럭 소리를 지르며 눈을 떴다. 갑자기 온몸에 소름이 돋아났다. 식은땀이 흥건했다. 주위는 아직도 고요하다. 시침은 새벽 5시를 막 지나 고개를 떨어뜨렸다.

'그래, 꿈이었구나. 그런데…… 너무 생생하다. 하필 이런 꿈을 꾸게 되다니…….'

존은 불길한 감정을 애써 털어 버리려는 듯 고개를 좌우로 흔들어 댔다.

현실보다 더 뚜렷했던 꿈속의 장면이 영화 스크린처럼 눈앞에 떠올랐다.

▶ 존의 꿈

깊은 산속을 헤쳐 가고 있었다. 겨울 끝이라 휑 하니 불어오는 바람이 칼날처럼 매섭다. 좁은 산길을 따라 정상을 향해서 홀로 외롭게 길을 간다. 얼마쯤 올랐을까? 웅성거리는 소리에 주위를 두리번거리는데 반가운 테일러 부장의 얼굴이 눈에 들어온다. 기다리던 소식을 전해 줄 사람. 공개채용 심사결과를 알고 있는 인사위원이 아닌가.

"테일러 부장님! 안녕하세요. 지난번 제가 말씀드린 사항 때문에 궁금해서요. 결과는 나왔나요?"

짐짓 희소식을 알고 있다는 듯 존은 목소리가 들떠서 물었다.

존을 물끄러미 쳐다보던 테일러는 잠시 침묵했다. 그리고 고개를 가로젓고 안타까워하는 심경을 내비치며 대답을 이었다.

"글쎄, 나도 존이 확신에 찬 말을 해서 의심 없이 결과 서류를 봤는데……." 심호흡을 한 번 하더니 테일러의 두 눈이 존을 응시했다.

"없어요. 아무리 살펴봐도 존의 이름이 없어요."

도저히 믿기지 않는 소식에 존은 결과를 결코 수긍할 수 없다며 항변했다.

"도대체 이게 말이 됩니까? 제가 얼마나 열심히 연구 활동을 했는지 연구원에서도 잘 알 텐데요. 다른 사람이라면 몰라도 제가 공채에서 탈락하다니 말이 안돼요!"

▶ 공개 채용, 희망의 열쇠

존은 2년 반 전부터 하워드 연구센터의 연구원으로 근무해 왔다. 하워드 센터는 샌프란시스코에 위치한 관광 분야 민간연구소로서 미국 내에 명성이 있는 연구소다.

정식 연구원으로 공채에 합격했지만 미래가 불투명한 단임單任 계약직이라는 사실 때문에 불안했던 나날들이 아니었던가. 계약 기간만 근무하고 당연히 퇴직하는 단임 계약직. 하지만 기회가 있을 것이란 소망의 끈을 놓지 않았었다. 그래서 이번에 시행된 책임 연구원 공개 채용은 존에게 새로운 세상을 열어 줄 희망의 열쇠처럼 여겨졌다.

누구보다 열심히 근무했고 연구 실적도 좋았다. 남들이 쉽게 따내지 못하던 연구 프로젝트를 가져와 타 부서 연구원들의 시샘 어린 눈길을 받던 그였다. 특히 미국 관광국에서 발주한 전미 SIT special interest touriom 특수목적관광 프로그램 개발 프로젝트는 500만 달러의 연구비를 수혜 받게 되는 대어였다.

그 대어를 하워드의 그물로 생포한 유능한 인재가 바로 존이었다. 연구 수혜가 결정되자 프로젝트에 입찰하고 치열한 프레젠테이션 presentation 까지 진두지휘한 존의 입지가 한순간에 상승했다. 얼마나 행복했던가.

▶ **이번 산만 넘어서면 돼**

이런저런 상상의 나래가 꼬리를 물고 이어진다. 시계를 물끄러미 쳐다보던 존은 침대 옆에 놓인 물컵을 집어 들었다. 비를 기다리는 광야처럼 혀가 바짝 말라 있다.

꿀꺽…… 꿀꺽……. 타들어 가던 입술을 축이고 나니 기분이 한결 가벼워졌다.

'이번 산만 넘어서면 돼. 나는 주류 사회의 일원이 될 거야. 긍정적으로 생각하자. 할 수 있어. 누가 감히 나를 탈락시킬 수 있단 말인가. 연구소 발전에 이바지하고 있는 인재를 설마 내치기야 하겠어. 꿈은 꿈일 뿐이야. 반대야 반대. 내 공채 합격을 알리는 축포일 뿐이라고!'

존은 스스로에게 주문을 걸었다. 긍정적으로 생각하고 상상하라는 많은 동기부여 서적의 가르침대로 공채 합격 통보 순간만을 되뇌었다. 그의 휴대폰 화면에는 '공채 합격 축하'라는 문구가 물결처럼 흐르도록 설정해 두었다. 이런 사소한 노력도 성공을 앞당기는 불꽃의 재료가 된다고 굳게 믿었기 때문이다.

불길한 꿈은 반대일 거라고 쉬지 않고 중얼거렸다. 중얼거리는 그의 모습을 누군가 보았다면 심리 상태가 불안한 사람처럼 보였으리라.

'오늘이 금요일. 예정대로라면 어제가 인사 위원회가 열리는 날인데. 왜 테일러 부장으로부터 연락이 없었을까? 하기야 인사 팀에서 공

식 발표를 하기 전에 섣불리 말했다가 구설수에 휘말릴 수 있으니 조심하는 것이겠지. 결정은 잘 되었겠고.'

존의 얼굴 가득 미소가 피어났다. 존은 슬그머니 자리에서 일어났다.

'오늘은 즐거운 날이 아니겠는가. 연구소에 가서 바로 테일러 부장님께 연락을 드려 보자. 빨리 움직여야 해.'

샤워실로 향하는 존의 머릿속에 갑자기 그를 잠에서 깨어나게 만든 꿈속 장면이 끼어들었다.

"없어. 아무리 살펴봐도 존의 이름이 없어."

테일러 부장의 생생한 표정이 존 앞에 다가오는 듯했다.

"이런 제길! 꿈은 반대라고 하잖아. 존, 정신 차려. 불길한 악몽이 아니라 길몽이라고, 길몽!"

마치 아랫사람을 훈계하듯 존은 스스로를 향해 독백을 쏟아 냈다.

고난 당한 것이 내게 유익이라
이로 말미암아 내가 주의 율례들을
배우게 되었나이다 (시편 119장 71절)

2 벼랑 끝에 서다

삐리리릭, 딩동. "어서 오세요. 반갑습니다."

연구실 전자도어 개폐기에서 경쾌한 인사음이 흘러나왔다. 존은 연구실 문을 힘차게 밀었다.

▶ 행복한 삶을 놓칠 순 없다

창문을 통해 햇살이 부서져 내렸다. 연구실은 존에게 삶의 활력을 주는 공간이자, 새로운 에너지를 용솟음치게 하는 발전소 같은 터전이었다. 존은 컴퓨터를 부팅시키고, 물을 끓이기 위해 전기포트 플러그를 콘센트에 꽂았다. 여느 일상처럼 늘 해 오던 순서대로, 몸이 자동으로 움직이는 기분이었다. 미니 오디오의 플레이 버튼을 부드럽게 누르자 평안한 선율의 찬양곡이 흘러나오기 시작했다.

내가 걷는 이 길이 혹 굽어 도는 수가 있어도
내 심장이 울렁이고 가슴 아파도
내 마음속으로 여전히 기뻐하는 까닭은
하나님은 실수하지 않으심일세

언제 들어도 마음을 평화롭게 해 주는 찬양 가사였다. 존은 눈을 지그시 감고 찬양을 나지막이 따라 불렀다.
'그래. 지금 느끼는 불안과 염려가 곧 사라질 거야. 내가 가야 할 길을 잘 아시는 분은 하나님이시지. 지금까지의 인생을 생각해 봐. 험난한 삶 속에서도 가장 좋은 선물을 예비하셨잖아. 공부와 담 쌓았던 내가, 고등학교 시절 말썽꾸러기로 소문이 자자했던 내가, 박사 학위를 취득하고 하워드의 위촉 연구원으로 살아가고 있잖아.'
잔잔한 평화가 물결처럼 흘렀다.
의자를 돌려 창밖을 내려다보았다. 17층에서 내려다보는 경관은 막힌 가슴을 뻥 뚫어 주는 힘을 가지고 있었다. 연구소 앞을 가로지르는 시원한 프리웨이free way로 차량들이 전력을 다해 달렸다. 연구소 우측의 공원에는 아름답게 조성된 잔디와 분수대며 운동 시설이 오밀조밀 조화를 이루고 있었다.

운동에 열중하는 몇몇 사람들이 운동복 차림으로 공원을 가볍게 뛰고 있었고, 중앙 연못에는 서너 마리의 오리가 유유자적하게 물살을 가르고 있었다. 모든 것이 평화로웠다.

'이런 일상을 놓칠 수는 없다. 어떻게 노력하며 여기까지 전진해 왔던가. 지켜 내야 한다. 이번이 최대의 고비지만 잘될 거야. 휴우, 내 모든 헌신과 땀을 재단 이사진들이 알고 있을까?'

▶ **로버트의 비판**

공채의 최종 후보는 존을 포함해 두 명이었다. 나름대로의 정보 라인을 통해 상대 후보의 경력과 연구 실적을 파악한 존은 내심 쾌재를 불렀었다.

실적이나 경력이 본인과는 비교가 되질 않아 보였다. 면접 과정에서도 면접 위원들과 대체로 긍정적인 분위기의 질문과 대답만이 오갔다. 한 가지 마음에 껄끄러운 점은 기획 실장인 로버트가 존이 제출한 연구 실적 중 저서 두 권을 문제 삼았다는 것이다. 캘리포니아 관광 홍보 전략에 관한 저서로 실제 사례를 기술한 책인데, 이론 부분의 내용이 서로 겹친다는 지적이었다. 연구 실적 부풀리기가 아니냐는 신랄한 비판이 제기됐을 때에는 세차게 뛰는 심장박동 소리에 귀가 울렸다.

"아닙니다. 부풀리기라니요. 당치도 않습니다. 사례를 중심으로 했기 때문에 이론적인 부분은 1권과 2권 모두에 같은 내용으로 싣게 된 거지요. 이해해 주시길 바랍니다." 침이 튈 정도로 급하게 대답을 했지만 로버트의 표정은 어두웠다.

'작은 문제다. 이런 이유로 나를 대신해서 상대 후보를 채용하진 않을 거야. 오전까지는 테일러 부장의 전화를 기다려 보자. 먼저 연락을 취해서 호들갑 떠는 것도 썩 보기 좋은 모습은 아니지 않는가. 일단 오전에는 급한 업무를 처리하면서 기다리자.'

존은 현재 진행 중인 프로젝트 가운데 마무리 단계에 있는 여론조사 문건 처리를 시작했다. 통계조사의 오류를 점검하고 보고서가 논리적으로 잘 설명되었는지에 대해 찬찬히 점검해 나갔다. 간간히 메일을 확인하고 전자결재 서류 두 건도 중간중간 처리하며 신속히 업무를 진행했다. 그러나 점차 초조해지는 마음을 숨길 수 없는 상태가 되어 갔다. 머릿속에서는 어서 연락을 해서 끝장을 보라는 주문이 계속 맴돌고 있었다.

▶ 존, 벼랑 끝에 서다

'뭘 망설이니, 존. 이미 결정 난 일 아니니. 어서 확인하고 편히 지내. 아니야. 혹시 내가 탈락했다는 소식을 접하면 어떡하나.'

베이지색 행정 전화기가 눈에 들어왔다. 존은 연구소 연락망이 보기 쉽게 정리된 조직도로 시선을 옮겼다.

"테일러 부장님 직통전화가 어디 보자, 6297이라. 휴대 전화는 몇 번이지. 옳지 여기 있구나."

존은 심호흡을 두세 번 연거푸 해 댔다. 전화번호를 누르고 있는 그의 손끝이 살며시 떨렸다. 신호가 몇 차례 가더니 테일러 부장의 걸쭉한 목소리가 들려왔다.

"네. 테일러입니다."

존은 침을 꿀꺽 삼켰다.

"테일러 부장님! 안녕하세요. 저 존입니다. 지난번 제가 말씀드린 사항 때문에 궁금해서요. 결과는 나왔나요?"

이야기를 하는 존의 심장이 100미터 달리기를 마친 선수의 심장처럼 두방망이질하기 시작했다. 들려오는 테일러의 목소리는 차분하다 못해 엄숙하기까지 했다.

"글쎄, 나도 존이 확신에 찬 말을 해서 의심 없이 결과 서류를 봤는데……."

잠시 침묵이 흘렀다. 이야기를 멈춘 테일러의 대답이 이어졌다.

"없어요. 아무리 살펴봐도 존의 이름이 없더군요. 이번 공채에는 합격자를 뽑질 않았습니다. 두 사람 모두 기준 점수 미달로 탈락 처리되었더군요. 허허. 이를 어쩌나요, 존."

항변하는 존의 목소리가 갈라지면서 극도의 분노가 몰려왔다.

"도대체 이게 말이 됩니까? 제가 얼마나 열심히 연구 활동을 했는지 연구원에서도 잘 알 텐데요. 다른 사람이라면 몰라도 제가 공채에서 탈락하다니 말도 안 돼요!"

존은 자신의 대응에 소스라치게 놀랐다.

'어떻게 이런 일이 일어날 수 있단 말인가! 새벽녘 꿈이 현실에서 그대로 재현되고 있지 않는가?'

한 발자국만 더 내딛으면 끝없이 추락하는 천 길 낭떠러지, 두려운 벼랑 끝에 존이 서 있었다.

3 행복한 기도여행

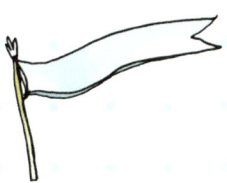

"이건 현실이 아니야! 그럴 리가 없지."

이른 아침 침대에서 눈을 뜬 존은 자신의 볼을 꼬집으면서 혼잣말을 계속했다.

테일러 부장과 나눈 대화가 들려왔다.

▶ 패닉, 이젠 희망이 보이질 않아

"없어요. 아무리 살펴봐도 존의 이름이 없더군요. 허허. 이를 어쩌나요, 존."

동굴 속에서 소리가 메아리치듯 테일러 부장의 목소리가 웅웅거리며 들렸다 사라지기를 반복했다.

"아니야. 아니야. 말도 안 돼! 이건 완전 코미디야."

깊은 한숨이 터지면서 가슴을 갈가리 후볐다. 심장은 쉴 새 없이 쿵쾅거리며 온몸의 긴장을 알리고 있었다. 마치 지옥의 입구에 서 있는 듯한 기분이었다.

"이런 것이 패닉panic 상탠가?"

살이 녹아내리고 뼈마디가 어긋나는 느낌을 뭐라고 표현할 수 있을까? 발가벗겨져 타는 장작불에 던져진 것처럼 뜨거운 화기가 가슴에서 치밀어 올랐다.

어젯밤, 아내 메리에게 차마 떨어지지 않는 입술을 움직여 공채 결과를 전했을 때 아내는 절망했다.

"뭐라고요? 당신이 탈락했다고요. 아아, 그럼 이제 우리는 어떻게 살아가야 하죠? 다음 달이면 당신 계약이 끝나는데. 흑흑."

깊은 탄식에 눈물을 흘리는 아내의 얼굴을 본 두 아이들도 이내 따라 울기 시작했다. 존은 아들 브라이언과 딸 에이린을 꼭 끌어안았다.

"걱정 마, 브라이언. 울지 마라, 에이린. 이 씩씩한 아빠를 못 믿는 거야. 아빠가 연구소는 떠나게 됐지만 곧 새로운 일터를 구하게 될 거야."

아이들에게 힘을 주려고 말했지만 가느다랗게 떨리는 목소리까지 숨길 수는 없었다. 브라이언이 고개를 들었다.

"아빠! 난 아빠를 믿어요. 아빠가 말했잖아요. 사람들에게 힘든 일이 생기는 이유는 하나님께서 축복을 주시기 위해서라고요. 아빠를 축복하시기 위해서 하나님께서 아프게 하시는 거예요. 힘내요, 아빠!"

존의 눈시울이 뜨거워졌다. 아홉 살 배기 브라이언은 어느새 훌쩍 자라 있었다. 아이들에게 용기를 심어 주고자 들려 주었던 격려의 말이 존에게 메아리가 되어 되돌아오고 있었다.

'그래, 힘을 내야지. 하지만 너무 무서운 걸. 마음이 왜 이다지 약해졌지. 아무것도 할 수 없을 것 같은 이 쓰레기 같은 생각들. 사라져 버려! 사라지란 말이야!'

존은 속으로 울부짖고 있었다. 마치 늪 속에 빠져 있는 듯 했다. 헤어나려 발버둥 치면 더 깊숙이 빠져들어 가는 암울한 상상의 늪.

정신을 똑바로 차려야 한다고 스스로에게 다짐하며 존은 자리를 털고 일어섰다. 그리고는 거실과 연결되어 있는 좁은 계단을 천천히 지나 다락방으로 올라갔다.

▶ 회개의 기도

존은 조용히 무릎을 꿇었다. 두 손을 모으고 눈을 감았다. 고난을 이길 수 있는 해답을 알고 싶었다. 불길처럼 다가오는 두려움을 넘어설 용기가 필요했다. 지나간 날들이 후회를 몰고 다가왔다. 존의 입술에서 회개의 기도가 터져 나오기 시작했다.

"제가 위험한 길을 지날 때 주께서 지팡이와 막대기로 이끌어 주셨습니다. 하늘을 향한 작은 울음에도 보호의 날개를 펼쳐 주셨습니다. 사랑이 크고 놀라워 감사의 기도만 드려야 할 텐데 제게는 악한 습관만 가득합니다. 성령에 취하라고 하셨는데 저는 술에 취해 살아갑니다. 성경을 보아야 할 두 눈은 세상 지식만 좇았습니다. 연구에 도움이 되는 지식만이 나를 살릴 수 있는 양분이라고 믿었습니다. 교만함도 하늘을 찌릅니다. 별것 아닌 박사 학위 하나 때문에 주변의 많은 사람들을 판단하고 쉽게 비판합니다. 칭찬하고 격려하는 입술은 없고 독설을 뿜어 대는 독사의 혀만 움직여 댔습니다. 도대체 믿는 자라고 생각할 수 없는 이기심만 가득하니 이를 어쩝니까? 하나님이 원하시는 사람이 되는 것보다 내가 원하는 대로 하나님께서 움직여 주시길 바랐습니다. 말로는 하나님이 주인이셨으나 나는 결코 자리를 내어 드리지 않았습니다. 그리고 이제는 비탄과 탄식의 잿더미 가운데 울부짖고 있습니다. 아, 하나님."

뜨거운 눈물이 볼을 타고 흘러내렸다. 결국 존은 목소리를 높여 통곡하고 말았다. 지난날이 후회스러웠다. 그 시간을 다시 되돌릴 수 있다면 세월을 다시 그리고 싶었다. 하지만 이미 엎질러진 물이 아닌가. 한 시간이 넘도록 존은 자리에서 일어날 줄 몰랐다.

▶ **행복한 기도여행**

"존! 어디 있는 거예요. 다락방이에요? 대답해 봐요."

아내가 존을 찾고 있었다. 존은 천천히 계단을 내려가 아내 앞에 섰다.

"울음소리가 들리던데 당신이었어요?"

"그래, 나였어. 참으려고 했는데 하염없이 눈물이 쏟아지더군. 지금은 참 후련해. 마음이 평온하기도 하고."

메리는 눈동자가 아직 촉촉한 존을 물끄러미 바라보았다.

"다행이네요. 당신은 어려운 문제를 만났을 때마다 잘 이겨 냈잖아요. 어젠 미안해요. 낙담하는 모습을 보여서. 제일 힘든 사람이 당신일 텐데 저 때문에 더 마음 아팠을 것 같네요."

존은 말없이 고개를 끄덕거리며 다 이해한다는 듯 메리를 꼭 껴안아 주었다.

"아, 한 가지 당신과 상의할 게 있어요. 어제 메일을 확인하다가 유익한 비전 트립vision trip에 대한 정보를 알게 되었어요. 이번 기회에 당신과 함께 참석하면 참 좋겠다는 생각이 들더라고요."

"비전 트립? 어떤 여행인데?"

"기도를 주제로 하는 비전 트립이에요. 행복한 기도여행!"

"행복한 기도여행?"

존이 호기심 가득한 눈으로 메리를 쳐다보았다.

"아, 캘리포니아 힐링리서치[1]에서 주최하는데요. 3개월 간 진행된 멘토 코스 수료 교육생들을 위한 여행이라고 해요.

성경 속의 다양한 주제를 전시 시설로 만들어 놓은 테마파크를 견학하면서 실제적인 하나님의 역사를 만나는 체험 여행이에요. 자연을 벗 삼아 기도회도 열고, 개인적인 상담도 하고.

무엇보다 기대가 되는 건 이번 여행을 인도하는 멘토mentor예요. 행복한 기도여행의 멘토인 데이빗 목사님은 주님께서 귀히 쓰시는 사역자시죠. 저는 대학 시절 그 분이 인도하는 뉴욕 집회에 참석해 성령 세례를 받고 은혜가 충만해졌던 경험이 있어요. 결혼 후에도 계속 연락을 드리고 있었고 운영하시는 캘리포니아 힐링리서치의 웹진webzine을 통해 이번 세미나 소식을 알게 되었죠. 우리 부부가 멘토 코스 교육생은 아니지만 그 세미나에 꼭 참가해야 한다는 뜨거운 마음이 들어서 데이빗 목사님께 무작정 전화를 드렸더니 멘토 코스 교육생들과 함께 비전 트립에 참가할 기회를 주셨어요."

"그래, 잘 되었군. 기도하고 싶지만 도대체 어떻게 기도해야 하는지 모르는 나 같은 사람에게 꼭 필요한 여행 같은데."

"맞아요. 당신에게는 물론 나에게도 큰 도움이 될 거예요. 이번 세미나 주제 성구가 뭔지 아세요? 바로 예레미야 선지자에게 임한 하나님의 말씀이에요. 보세요."

메리는 세미나 안내문을 존에게 내밀었다.

> 너는 내게 부르짖으라 내가 네게 응답하겠고
> 네가 알지 못하는 크고 은밀한 일을 네게 보이리라
> (예레미야 33:3)

존은 주제 성구가 마치 자신에게 말씀하시는 하나님의 음성처럼 느껴졌다.

'부르짖으면 응답해 주시고 보여 주신다는 말씀이다. 지금 내게 하시는 하나님의 부르심이야.'

"당신과 나에게 주시는 하나님의 선물 같군. 이번에 내 인생을 새롭게 세팅하고 싶어. 기도하는 사람으로 다시 태어나고 싶다고. 우리 앞에 닥쳐온 인생의 위기를 기도로 이겨 내고 싶어."

▶ **메리의 응원**

존을 바라보는 메리의 환한 미소가 아름답게 빛났다. 메리는 곱게 접은 편지지 한 장을 존에게 건넸다.

"어제 당신 마음을 아프게 한 일이 마음에 걸려서 고민하다가 제가 좋아하는 시 한 편을 적어 보았어요. 당신에게 힘이 되리라고 생각해요. 제 선물이에요. 그리고 이건 초콜릿이에요. 밸런타인데이는 아니지만 당신을 사랑하는 제 마음이라고 생각해 줘요. 난 당신을 믿어요. 사랑해요. 여보."

존은 아내가 전해 준 편지지를 조심스럽게 펼쳤다.

하나님께서 그 놀라운 뜻을 이루기 위해
사람을 훈련시키실 때,
사람을 이해시키고
감동시키실 때,
하나님께서 온 세상이 놀랄 만한
위대하고 대범한 사람을 만드시고자
마음을 다하여 애쓰실 때,
하나님의 방식에 주목하라.
하나님의 방법을 주시하라.
하나님은 존귀하게 선택하신 자를 가혹하게 연단하신다.
그를 맹렬히 치시며 아프게 하신다.
연단 받는 자가 괴로움에 울부짖고
두 손 쳐들어 간청하는 동안
하나님은 그를 더욱더 세게 두드려
오직 하나님만이 아시는 모습으로 만들어 가신다.

하나님은 그를 구부러트리지만 결코 꺾는 법이 없으시다.
이것이 바로 하나님이 선택한 자들을 사용하시는 방법이니
하나님은 그에게 많은 뜻을 품게 하시고
모든 행동을 통해 하나님의 광채를 나타내게 하신다.
하나님은 자신이 하고 있는 일을 분명히 알고 계신다!

_ 레이먼드 에드만V. R Edman의 『삶의 연단』 중에서

존의 두 눈이 또다시 젖어 오고 있었다.

주께서 내게 복을 주시려거든
나의 지역을 넓히시고 주의 손으로
나를 도우사 나로 환난을 벗어나
내게 근심이 없게 하옵소서
(역대상 4장 10절)

4 야베스처럼 기도하라

 힐링리서치 회의실에는 존과 메리를 포함해 10명의 사람들이 모여들었다. 존 부부 이외에는 힐링리서치 멘토 코스 교육생들로 보였다. 모두들 새롭게 시작되는 기도여행에 대한 기대감 때문인지 들뜬 모습이 묻어났다.

 회의실 왼쪽 벽에는 수많은 군중들을 앞에 두고 하늘을 우러러 기도하시는 예수님을 표현한 그림이 걸려 있었다. 벽면 전체를 차지하고 있는 크기 때문인지 마치 현실 속의 장면처럼 생생하게 다가왔다. 다섯 개의 빵과 물고기 두 마리를 통해 기적의 역사가 일어난 오병이어 장면은 보는 것만으로도 감동적이었다.

 존과 메리 앞으로 40대 중반쯤으로 보이는 남자가 다가왔다.

"안녕하세요. 저는 브라이트라고 합니다. 제 15기 멘토 코스의 교육생 리더이기도 하지요. 데이빗 목사님으로부터 얘기를 들었습니다. 혹시 닥터 존과 메리 부부가 맞나요?"

"네, 반가워요. 저는 메리고요. 제 옆이 남편 존입니다. 이번에 우리 부부도 함께할 수 있어서 너무나 기뻐요."

"멘토 교육에 참가하고 있는 우리에게도 행복한 기도여행은 체험교육과 같은 의미가 있지요. 3개월 간 교육 받아온 과정을 되새기고 집회 현장에서 성령님을 깊이 만나는 시간이 되리라 생각합니다."

브라이트의 태도는 겸손하고 예의가 발랐다.

"우리가 폐가 되지나 않을지 걱정이 되네요."

존이 나지막하게 말했다.

"오, 별말씀을요. 괜한 걱정이세요. 데이빗 목사님께서 두 분을 무작정 참여시키진 않으셨으리라 생각합니다. 계획이 있으리라 생각되는데요. 목사님께서는 모든 일을 주님께 기도하고 추진하시거든요. 행복한 기도여행 또한 중요한 사역이죠. 분명 뜻이 있으실 겁니다. 마음 편히 가지세요."

브라이트의 말이 끝나자마자 회의실의 문이 열리고 데이빗 목사가 활기찬 걸음으로 들어왔다.

"반갑습니다. 여러분! 자자, 자리에들 앉으시지요."

목소리에는 리더로서의 카리스마가 묻어났다.

"메리, 이게 얼마만이에요. 잘 있었죠! 기도여행에 함께하게 돼서 기뻐요."

"목사님, 정말 감사해요. 존, 어서 인사해요. 데이빗 목사님이세요."

메리가 존의 옆구리를 살짝 찌르며 웃었다.

"안녕하세요, 데이빗 목사님. 기도하는 믿음의 사람으로 다시 태어나고 싶은 존이라고 합니다."

존의 마음이 엿보이는 자기 소개에 모두들 고개를 끄덕였다.

"반가워요, 존. 무척 의미 있게 들리는 인사네요. 기도여행이 끝나면 분명 기도의 사람, 믿음의 사람, 나보다 타인을 먼저 배려하고 이끄는 멘토로 변모하는 출발점에 서게 될 거예요."

존의 귀밑이 붉어졌다.

데이빗 목사는 한 사람 한 사람과 시선을 마주치면서 부드러운 목소리로 말을 이었다.

"우리의 목적지는 그레이스파크입니다. 매년마다 비전 트립을 인도해 오고 있지만 하나님께서 이 종을 사용하실 때는 언제나 놀라운 은혜가 가득했습니다. 비전 트립 참가자들이 기도의 사람으로 변화되는 것을 보아 왔습니다. 우리에게 부어 주실 하나님의 은혜를 기대합시다. 목적지로 출발하기 전, 행복한 기도여행의 의미를 되새겨 보고 우리의 마음을 하나로 모으는 시간을 먼저 가질까 합니다. 브라이트, 주제 강의 준비를 부탁합니다."

브라이트는 익숙한 모습으로 컴퓨터와 프로젝터 작동을 확인하고 음향 시설을 점검했다. 5분쯤 후, 그는 가벼운 목례를 보내는 것으로 모든 준비가 완료되었음을 알렸다. 데이빗 목사가 강의용 단상 앞에 섰고, 모두는 약속이나 한 듯이 마음에서 우러나오는 박수를 보냈다.

"감사합니다. 여러분의 미소와 박수를 선물 받으니 더 힘이 솟아오르는데요. 저는 여러분의 멘토가 되고 여러분은 멘티mentee[2)]가 되어 기도여행을 함께할 것입니다. 과연 하나님께서 우리에게 원하시는 기도는 무엇인가, 우리는 어떻게 기도해야 하는가에 대해 이야기를 나눌 것입니다. 자, 이제 그 첫걸음을 옮기고자 합니다."

데이빗 목사는 오른손에 들고 있던 컴퓨터용 리모컨의 스위치를 눌렀다. 전면에 설치된 스크린에는 아들을 품에 안고 함박웃음을 짓고 있는 아버지의 모습이 보였다.

"여러분은 하나님의 자녀입니다. 예수님께서는 우리에게 이렇게 말씀하셨습니다. '너희가 악한 자라도 좋은 것으로 자식에게 줄 줄 알거든 하물며 하늘에 계신 너희 아버지께서 구하는 자에게 좋은 것으로 주시지 않겠느냐?' 하늘 아버지는 온 우주의 창조주이십니다. 그분의 자원은 결코 마름이 없습니다. 풍성합니다. 그분은 좋은 것으로 주시길 원하십니다. 그런데 예수님의 말씀처럼 한 가지 조건이 선행되어야 합니다. 그것이 무엇입니까?"

▶ 축복의 조건, 하나님께 구하라

홀리스가 데이빗 목사의 질문에 대답했다.

"구해야 합니다."

그녀의 말에는 확신이 있었다.

홀리스는 50대 초반의 여성으로, 미국 IT업계 신흥 기업으로 도약하고 있는 인터라인컴 조제프 회장의 부인이었다. 그녀는 또한 출석하고 있는 교회의 전도왕으로, 1년에 500명이 넘는 영혼을 주께로 인도하는 열정적인 전도자이기도 했다.

"홀리스, 고마워요. 그렇습니다. 구해야 합니다. 자녀들에게 풍성한 축복을 예비하고 계신 하나님께 구하는 일이 먼저 선행되어야만 합니다. 하나님께 구하는 것, 그것이 바로 기도입니다. 여러분에게 하나님의 전적인 은혜를 설명하기 위해 '운명'이라는 단어를 꺼내 들까 합니다. 운명이라는 것을 어떻게 설명할 수 있을까요? 브라이트, 생각을 한번 말해 봐요."

"글쎄요. 선천적으로 타고난 그 사람의 길이라는 뜻이 있는 듯합니다. 태어나면서부터 어깨에 걸머지고 나오는 것, 그 누구도 어쩔 수 없는 그 무엇. 한마디로, 바꿀 수 없고 바꾸어지지도 않는 것이 운명이라고 여기는 사람들이 많은 것 같아요."

"명쾌한 설명 같네요. 이 세상을 살아가는 많은 이들이 '나에게도 정해진 운명이 있어. 내가 불행한 이유가 있기 때문에 노력해도 어쩔 수 없는 노릇이지' 하는 생각을 가지고 살아가고 있답니다. 그들은 어려운 문제 앞에서 굴복해 버리고 맙니다. 날마다 신문의 사회면에는 자살 기사가 넘쳐 납니다. 시련을 스스로의 비관적인 운명이라고 여기고 자포자기해 버리기 일쑤지요."

데이빗 목사는 잠시 말을 멈추고 찬찬히 멘티들을 응시했다.

▶ 기도로 운명을 바꾼 사람, 야베스!

"여러분께 운명을 바꾼 성경 속 한 인물을 소개하고자 합니다. 그는 바로 야베스입니다."

'야베스, 야베스가 누구지?'

존은 야베스라는 인물이 낯설었다.

성경에 나오는 많은 인물들 가운데 야베스라는 사람이 있었나 하는 생각이 들 정도였다.

"역대상 1장에서 9장까지 무려 600명이 넘는 사람들이 등장합니다. 특이한 점은 그 사람들의 행적에 대한 언급이 없다는 것입니다. 족보만 소개하고 있죠. '누가 누구를 낳았다'라고 말하고 그 다음 사람을 이야기합니다. 그런데 야베스에 이르러서는 그렇지 않습니다. 그가 어떻게 살았으며 무엇을 했는지에 대해서 구체적으로 설명을 하고 있습니다. 도대체, 야베스라는 사람이 얼마나 중요한 사람이기에 이렇게 특별 취급을 하고 있는지 궁금하지 않으십니까? 역대상 4장 10절을 함께 읽어 봅시다."

모두 한목소리로 야베스의 기도를 읽어 나가기 시작했다.

야베스가 이스라엘 하나님께 아뢰어 이르되
주께서 내게 복을 주시려거든 나의 지역을 넓히시고
주의 손으로 나를 도우사 나로 환난을 벗어나
내게 근심이 없게 하옵소서 하였더니
하나님이 그가 구하는 것을 허락하셨더라

"야베스는 처음부터 형통한 사람이 아니었습니다. 그의 이름을 보면 그의 불행했던 과거가 나타납니다. 성경에 나타난 이름들에는 깊은 의미가 담겨져 있지요. 찰스가 한두 명 예를 들어 주실 수 있겠죠."

찰스는 악성 류머티즘성 관절염으로 인해 거동이 불편할 정도로 큰 고생을 했었으나, 하나님의 치유로 삶이 회복된 후 신학을 전공하고 선교에 헌신하게 된 30대 초반의 젊은 목회자였다.

"엘리의 손자가 좋은 예가 될 것 같습니다. 엘리 대제사장은 늙었고, 제사장의 자녀들은 죄악을 일삼았습니다. 블레셋과의 전투에 법궤까지 들고 나가 싸우다가 그 법궤마저 빼앗긴 상황이 되었죠. 제사장의 두 아들 홉니와 비느하스가 전사했고, 그 소식을 들은 엘리도 의자에서 떨어져 죽었습니다. 이 비극 앞에서 엘리의 며느리가 해산을 하는 도중 잘못되어 죽어 가면서 태어난 아이에게 '이가봇'이라는 이름을 붙여 줍니다. 이가봇은 '하나님의 영광이 떠났다'라는 뜻입니다."

존은 '이름 하나에도 이런 뜻이 숨겨져 있구나'라는 생각이 들었다.

"좋은 예였어요. 그렇다면 '야베스'는 어떤 의미일까요? 히브리인들은 대개 자식이 태어나면 아버지가 이름을 지어 주는데 야베스는 어머니가 이름을 지어 주었습니다. 그는 유복자였던 것 같습니다. 또한 '이는 내가 수고로이 낳았다 함이었더라'라는 성경 구절처럼 난산 속에서 낳은 아들이 야베스입니다. 힘들게 태어나고 아버지가 없었던 사람, 야베스는 '수고와 슬픔과 고통을 받는 자'라는 의미입니다."

차분하던 데이빗 목사의 목소리가 강한 톤으로 바뀌기 시작했다.

"하지만 놀라운 반전이 시작됩니다. 야베스는 아버지 없이 홀어머니 밑에서 태어났습니다. 태어날 때에는 이렇게 비참한 가운데 불행하게 태어났으나 그는 살면서 점점 하나님의 축복을 받게 됩니다. 마침내 그는 존귀한 자가 되었습니다. 어디서부터 그의 인생이 바뀌게 됩니까?"

장내에 짧은 침묵이 흘렀다.

"기도입니다! 기도예요! 야베스의 기도를 들으시고, 복에 복을 부어 달라는 간절한 마음을 보시고, 환란에서 구해 달라는 눈물을 보시고 하나님께서 응답하십니다."

쩌렁쩌렁한 데이빗 목사의 목소리가 말씀을 듣는 이들의 가슴을 찔러 쪼개기 시작했다.

"야베스로 살도록 규정된, 하나님의 예정이 바뀌었습니다! 하나님께 간절히 부르짖는 기도를 통해 그의 운명이 완전히 바뀌었습니다. 야베스, 근심거리밖에는 되지 않던 자가 존귀한 자로 바뀌었습니다. 여러 형제들보다 훨씬 더 존귀한 자가 되었습니다. 기도는 내 운명까지도 바꿀 수 있습니다. 오늘 이 자리에 있는 여러분의 운명도 기도를 통해 변할 수 있습니다. 인생이 실패와 좌절, 한숨과 통곡으로 규정된 존재라 할지라도 기도하면 그 실패가 성공으로, 좌절이 보람으로, 한숨과 통곡이 기쁨과 웃음으로, 수치와 부끄러움이 영광과 자랑으로 바뀌게 될 것입니다."

존은 야베스의 이름처럼 실직의 고통이 찾아온 현실을 떠올렸다. 하지만 야베스처럼 기도하고 복에 복을 더하여 받는 존귀한 인생이 되고 싶다는 생각두 거의 동시에 차올랐다.

'아, 야베스처럼 귀한 인생이 되었으면……'

▶ 내게 복에 복을 더하여 주소서

"야베스는 먼저 복에 복을 더하여 달라고 간구합니다. 복의 근원은 어디에서 찾을 수 있겠습니까?"

데이빗 목사는 리모콘을 눌렀다. 그러자 한 소녀가 무릎을 꿇고 간절히 기도하는 그림이 펼쳐졌다.

"복은 히브리어로 '바라크'라고 하는데, '무릎을 꿇다'라는 뜻을 내포하고 있습니다. 축복은 겸손히 하나님께 무릎을 꿇을 때 찾아온다는 의미가 아닐까요? 여러분은 복 받기 위해 기도하십니까? 의외로 복을 기원하지 않는 사람들이 너무도 많습니다. '복은 재수지, 운명의 조화지, 내가 노력해서 오는 거지, 하나님 앞에서 기도한다고 복이 오겠는가?'라고 부정적으로 생각하고는 복을 달라고 기도하지 않지요."

존은 자신의 재능만을 믿고 하나님께 먼저 기도하지 않았던 스스로의 모습이 떠올라 고개를 떨어뜨렸다.

"그러나 야베스는 자신을 철저하게 낮추고 겸손하고 간절히 하나님께 기도합니다. 주께서 축복하지 아니하시면 나는 복된 삶을 살 수 없습니다. 나는 아무것도 할 수 없습니다. 연약한 존재입니다. 가진 것도 없습니다. 그러나 하나님께서 나를 도와주시면 복에 복을 더할 것을 믿습니다!"

데이빗 목사는 찰스를 다시 바라보며 축복을 간구한 성경 속 인물에 대해 예를 들어 달라고 부탁했다. 찰스가 함께한 멘티들을 향해 이야기했다.

"야곱과 다윗을 말할 수 있겠지요. 야곱이 얍복 나루터에서 하나님의 천사와 씨름을 하며 외칩니다. '당신이 내게 축복하지 아니하면 가게 하지 아니하겠나이다' 창 32:26. 그는 끝까지 천사를 붙들고 매달렸지요. 결국 하나님께서 야곱을 축복해 주십니다.

다윗 왕도 복 받기를 위해 기도했습니다. '이제 청하건대 종의 집에 복을 주사 주 앞에 영원히 있게 하옵소서 주 여호와께서 말씀하셨사오니 주의 종의 집이 영원히 복을 받게 하옵소서 하니라' 삼하 7:29. 다윗은 이스라엘의 성군이 되었습니다. 그의 가문을 통해 예수님이 오셨습니다."

찰스의 말이 끝나자마자 데이빗 목사는 연거푸 박수를 치며 흡족한 마음을 표현했다.

"그래요. 맞습니다. 야곱처럼 다윗처럼 우리도 기도해야 합니다! 복에 복을 더하여 달라고, 우리의 삶을 번성케 해 달라고 하나님께 기도해야 합니다! 기도하지 않기 때문에 하늘에 준비된 복이 우리에게 주어지지 않는 것입니다.

아브라함에게 말씀하시는 하나님의 언약을 오늘 우리에게 주시는 축복의 말씀으로 들읍시다. '내가 반드시 너에게 복 주고 복 주며 너를 번성하게 하고 번성하게 하리라 하셨더니' 히 6:14."

▶ 나의 지경을 넓혀 주소서

잠시 후 푸른 하늘만큼이나 드넓은 농장의 모습을 담은 항공사진이 스크린에 드러났다.

데이빗 목사는 지경을 넓혀 달라는 기도를 통해 은혜의 문을 열어야 한다고 말씀을 이어 나갔다.

"야베스는 지경을 넓혀 달라고 기도합니다. 지경은 무엇인가요? '나의 영토, 나의 경제, 나의 한계'를 말합니다. 즉 '내 재산이 점점 늘어나게 해 주시고, 내가 하는 일이 형통케 하여 주시고, 또 내 영토, 내 땅이 더 넓어지게 하시고, 하나님 앞에 축복을 받아서 성공하는 것이 점점 많아지게 하옵소서'라고 간구한 것이겠지요. 하나님께서 생각하시는 축복은 상상을 초월합니다. 아브람에게 축복하시는 여호와의 말씀을 보세요.

'여호와께서 아브람에게 이르시되 너는 눈을 들어 너 있는 곳에서 북쪽과 남쪽 그리고 동쪽과 서쪽을 바라보라 보이는 땅을 내가 너와 네 자손에게 주리니 영원히 이르리라' 창 13:14-15. 이해가 되십니까? 동서남북을 바라보고 보이는 땅을 다 그에게 주겠다고 하십니다. 여러분은 지금 어떤 땅을 바라보고 있나요? 하나님의 축복은 인간의 생각과 뜻을 넘어서 있습니다.

우리의 작은 사고의 틀 속에 하나님을 가두어 두려고 노력하지 마세요. 그리고 나의 지경을 넓혀 달라고 기도해야 합니다."

지경에 대한 데이빗 목사의 설명은 영적인 도전을 주기에 충분했다. 존과 메리는 말씀을 놓치지 않기 위해 집중하고 또 집중했다.

"이사야 선지자가 말합니다. '네 장막터를 넓히며 네 처소의 휘장을 아끼지 말고 널리 펴되 너의 줄을 길게 하며 너의 말뚝을 견고히 할지어다' 사 54:2.

이사야는 하나님의 약속을 상기시키면서 장막터를 넓히며 말뚝경계선을 견고히 하라고 합니다. 한 평생 믿어도 '장막터가 넓어지게 해 달라'고 기도하지 않는 사람이 많습니다. 야베스의 마음을 주목합시다. 지경을 넓혀 달라는 그의 마음이 이렇지 않았을까요?

'하나님, 저는 작은 사람입니다. 작은 능력밖에 없고 작은 계획밖에 가지고 있지 못한 사람입니다. 그러나 하나님께서 축복하시고 축복하시면 나의 지경이 넓혀질 줄로 믿습니다. 그러니 하나님께서 제 지경을 넓혀 주시옵소서.'

하나님이 복을 더하시면 우리의 지경이 넓어집니다. 우리의 삶에 하나님의 축복이 가득해야 합니다. 삶의 지경이 넓어지길 위해 간절히 기도하십시오."

멘토와 멘티들은 각자가 생각하고 있는 삶의 지경이 어디까지였는지에 대해 이야기를 주고받았다. 존은 연구소가 인생의 전부였노라고 고백하며 눈시울을 붉혔고, 조나단은 예수님을 만나기 전 폭력과 마약에 찌들어 어두운 세상의 뒷골목에서 헤매었노라고 간증했다.

▶ **홀리스의 이야기**

이야기를 경청하던 홀리스가 입을 열었다.

"야베스, 그 이름의 뜻처럼 저도 한때는 수고롭고 고달픈 인생이었죠. 저는 결혼하고서도 7년 동안이나 아이가 생기질 않아 고통의 세월을 보냈었답니다. 물론 병원에서 검사도 받고 갖은 노력을 다했지만 결과는 마찬가지였어요."

모두 홀리스를 쳐다보았다.

"원인을 알 수 없는 습관성 유산이 반복되고 담당 의사도 임신 가능성이 희박하다는 진단을 내렸을 때는 만사가 다 귀찮아졌지요. 이삼 년 간은 그럭저럭 버텨 나갔던 것 같아요. 삼 년이 지나면서부터는 누구를 만나러 나가기도 싫고 아이를 안고 지나가는 사람들만 보아도 마음속에서 질투가 솟아오르는 거예요.

'왜 나에겐 저런 평범한 축복을 주시지 않는 걸까?' 라고 생각했고 하나님이 원망스럽기도 했어요. 지금 생각하면 죄스러울 뿐이죠. 그러다가 성경을 읽기 시작했어요. 사무엘상에서 '한나' 라는 여인을 만나고 제게 말씀하시는 하나님의 세미한 음성을 듣게 되었답니다.

저는 한나가 수태하지 못한 이유가 '여호와께서 성태成胎케 하지 못하게 하셔서' 였다는 사실에 주목했습니다. 거기서 깨달음이 왔습니다. 내게도 수태受胎하지 못하게 하심에는 하나님의 깊은 뜻이 있으리란 생각을 하게 됐지요."

"그래서 기도하기 시작하셨나요?"

초롱한 눈망울을 반짝이며 메리가 물었다.

"물론 기도하기 시작했죠. 매일 성전에 엎드려 하나님께 부르짖었습니다. 그리고는 이런 고백을 드렸어요. '제 육체의 태중胎中에는 아직 열매가 없으나, 이제부터는 영의 태중에 주님을 모르는 영혼을 품겠습니다. 전도할 수 있는 힘을 주세요.' 그 상황에서 전도하고자 하는 마음이 피어났다는 것이 신기하지요. 제 마음속에선 전도자의 불길이 타오르기 시작했어요.

많은 영혼을 주께 인도하기 시작했고 주 안에서 행복해 하는 그들의 모습을 볼 때 참 감사했지요. 제 변화를 지켜보시던 하나님께서는 어느 날 선물을 안겨 주셨습니다.

여러분, 상상이 되시죠. 의사 선생님은 고개를 갸웃거리며 의학적으로는 설명하기 힘들다고 하시더군요. 그러면서도 축하한다는 인사를 건네 주셨어요.

제가 엄마가 될 수 있다는 사실을 확인한 그날, 기쁨의 눈물을 쏟았던 게 아직도 생생합니다. 제 아들 브랜튼은 벌써 열여덟 살 고교 졸업반이 되었답니다."

"야, 멋진데요. 영혼의 생명을 귀하게 생각한 자에게 자녀를 선물로 주신 하나님!"

메리가 두 손을 꼭 모으며 말했다.

"태의 문이 열릴 뿐 아니라 남편의 사업에도 대로가 열리기 시작했습니다. 남편은 IBM의 간부로 일하다가 새로운 IT기업의 창업자가 되었죠. 초창기에는 어려움이 컸습니다. 제공하는 서비스 품질은 뛰어났지만 영업망이 열리지 않아 부도 위기에까지 다다랐어요. 사실 막막했지요. 하지만 태의 문을 열어 주셨던 하나님을 알기에 전적으로 하나님께 의지하고 매달리기 시작했어요. 야베스처럼 기도했지요.

'복을 부어 주세요. 남편의 사업을 지켜 주세요. 지경을 넓혀 주세요.' 기도하고, 울고, 말씀을 묵상하고, 거리에서 전도하는 생활이 이어졌죠. 아버지는 이번에도 응답해 주셨습니다. 남편이 창업한 인터라인컴은 미국을 대표하는 20대 IT기업에 선정될 정도로 우량 기업이 되었답니다.

세계 15개국에 지사를 설립하고 세계를 향해 뻗어 나가고 있어요. 정말 하나님께서 생각하시는 축복의 지경은 우리의 상상을 초월합니다. 저는 그 은혜를 전하지 않고는 살 수 없기에 날마다 복음을 증거하는 삶을 살아가고 있답니다. 1년이면 약 500명 정도를 예수님께로 인도하지요."

홀리스가 이야기를 마치자 멘티들은 큰 환호와 박수로 감격에 젖은 마음을 표현했다. 박수 소리가 점점 사그라질 때, 화면으로 보잉 여객기 한 대가 클로즈업되었다. 여객기 이미지 중앙에는 '환란과 위기의 순간에 기도하라' 라는 타이틀이 선명하게 드러나 있었다.

데이빗 목사는 기도를 통해 위기의 순간을 벗어난 어느 비행기 기장의 이야기를 전하기 시작했다.

▶ 두려워 말라, 내가 너와 함께함이니라

"비행기 한 대가 이륙을 위해 마닐라 공항 활주로에서 서서히 움직이기 시작했습니다. 날씨는 약간 흐렸지만 비행에는 전혀 지장이 없었습니다. 새 기종인 보잉기에는 손님이 무려 290명이나 타고 있었습니다. 드디어 비행기 엔진은 폭음을 내며 솟아오를 준비를 했습니다.

비행기는 이륙 시 맥시멈파워maximum power까지 엔진 출력을 최대한 높이게 됩니다. 힘차게 활주로를 차고 나가다 그 힘을 받아 솟아오르는 것입니다. 그런데 최대 출력을 올려 비행기가 속력을 막 내기 시작한 순간 작은 소리지만 '펑' 하며 불꽃이 보였습니다. 동시에 약간 기체가 흔들리며 이상이 느껴졌습니다. 즉시 엔진을 체크하니 4번 엔진에 화재가 난 것을 알게 됐습니다.

기장은 정신이 아찔했습니다. 이미 비행기는 전속력으로 활주로를 달리고 있는데 빨리 급제동을 하든지, 그냥 이륙하든지 신속한 판단을 내려야 했습니다. 그러나 두 가지 모두 이미 위험한 상황이었습니다. 당시 비행기에는 양 날개에 무려 1,100드럼의 항공유가 탑재돼 있어 정상적으로 이륙하면 불이 붙은 엔진이 과열돼 공중에서 폭발할 가능성이 있었습니다. 반대로 급제동을 해도 활주로 끝이 고속도로와 바로 연결돼 수십 대의 자동차와 부딪치는 대형 사고가 일어날 상황이었습니다. 기장에게는 엄청난 두려움과 자책감이 엄습했습니다.

순간 '두려워하지 말라 내가 너와 함께함이라' 는 이사야 41장 10절

말씀이 떠올랐습니다. 기장은 절박한 기도를 시작했습니다.

'하나님, 승객들을 어떻게 합니까. 살려 주옵소서. 이 위기를 넘기게 해 주옵소서. 긍휼을 베풀어 주옵소서.'

기장의 생애에 이토록 간절한 기도를 드려 본 적이 없었습니다. '주여, 도우소서'란 기도를 계속하는 가운데 황금빛이 기내로 들어오는 환상이 보이며 불안하던 마음이 갑자기 평안해졌습니다. 급제동이 걸린 비행기는 찢어질 듯한 굉음을 내며 속도가 줄어들기 시작했는데 누가 보아도 감탄할 정도로 활주로 맨 끝자락에 걸치듯 정지했습니다. 조금만 기체가 더 밀렸어도 엄청난 사고가 발생할 위치였습니다.

기장은 하나님께서 기도를 들어 주셨다는 확신 속에 '주여 감사합니다'란 기도를 연거푸 드렸습니다. 문제 발생과 기도로 선택을 하기까지 걸린 시간은 불과 7초. 이 시간에 얼마나 많은 생각과 기도를 할 수 있었는지 기장 스스로도 놀라고 말았습니다."[3]

▶ **기도하면 삽니다, 기도하면 이깁니다**

"기도하면 삽니다. 죽을 상황에 놓여 있으십니까? 기도하십시오. 우리 앞에 아무리 큰 적이 있다 할지라도 기도하면 이깁니다."

데이빗 목사가 전하는 야베스의 기도의 세 번째 핵심은 환난에서 벗어나 근심이 없게 해 달라는 간구였다. 집안도 어렵고, 아버지도 없고, 고난이 가득했던 야베스가 제발 환난과 근심이 떠나가게 해 달라고 기도함으로써 은총을 입었다는 것이다.

마지막에 전하는 시편 말씀이 존의 아픈 가슴에 큰 위로를 주었다.

> 하나님은 우리의 피난처시요 힘이시니
> 환난 중에 만날 큰 도움이시라(시 46:1).

"행복한 기도여행은 바로 여러분을 영적인 리더로 세우기 위함입니다. 기억하시기 바랍니다. 복에 복을 구하세요. 지경을 넓혀 달라고 부르짖으십시오. 환난을 벗어나 근심이 없게 해 달라고 간절히 기도하셔야 합니다. 좋은 것을 예비하시는 풍성한 하늘 아버지께, 내 운명을 축복의 반열에 올려 달라고 부르짖으며 날마다 나아가십시오. 우리 이제 기도합시다. 부르짖어 기도합시다. 어둠을 깨우는 영적인 멘토로서 살아가는 빛나는 삶을 달라고 기도합시다."

멘토는 성령이 충만한 모습이었다.

힐링리서치가 하늘을 향한 간절한 소원과 간구로 가득 채워지기 시작했다.

기도의 원리 1

야베스의 기도

1. 하나님께 구해야 합니다
축복을 예비하고 계신 하나님께 먼저 구해야 합니다.
하나님께 구하는 것, 그것이 바로 기도입니다.

2. 복에 복을 더하여 주소서
복은 히브리어로 '바라크'인데, '무릎을 꿇다'라는 의미입니다.
기도를 통해 수고로운 인생이 복이 더하는 인생이 됩니다.

3. 나의 지경을 넓혀 주소서
하나님의 축복은 우리의 생각과 뜻을 넘어섭니다.
하나님이 복을 더하시면 우리의 지경이 넓어집니다.

4. 환난을 벗어나 근심이 없게 하소서
환난에서 벗어나 근심이 없게 해 달라고 간구하십시오.
우리 앞에 아무리 큰 적이 있다하더라도 기도하면 이깁니다.

🌱 생각해 봅시다
복에 복을 더하여 달라고 기도할 내용은 무엇입니까?
내 삶에서 넓혀져야 할 지경은 무엇입니까?
통과해야 할 환난과 근심거리는 무엇입니까?

> 여호와여 내가 주를 높일 것은
> 주께서 나를 끌어내사 내 원수로 하여금
> 나로 말미암아 기뻐하지 못하게 하심이니이다
> 여호와 내 하나님이여 내가 주께 부르짖으매 나를 고치셨나이다
>
> (시편 30편 1~2절)

5
부르짖으라

그레이스파크는 미국 최대의 크리스천 테마파크다운 위용을 자랑하고 있었다. 성경 인물 전시관을 비롯한 다양한 전시 시설은 물론 야외 체험 시설도 과학적인 아이템을 접목해 관람객에게 재미와 감동을 동시에 선물할 수 있도록 설계되어 있었다.

그레이스파크에 도착한 일행들은 안내 센터information center에서 효과적인 관람에 대한 설명을 들은 후 성경 유물 전시관에서 진행 중인 사해 유적 특별전을 관람했고, 현대 미술 작가들의 작품이 잔디 위에 펼쳐진 조각 공원에 도착했다.

"사자가 고양이처럼 온순해 보이는데요."

존은 마치 신기한 장면 하나를 본 듯한 어투로 말했다. 일행은 실물처럼 만들어진 청동상 앞에 멈춰 섰다. 설치 미술가 크리스토퍼의 작품으로 〈드래그 업Drag up, 끌어올리다〉 라는 타이틀과 함께 '다니엘, 뜻을 정하여' 라는 부제가 소개되어 있었다.

두 손을 높이 쳐들고 기도하는 다니엘. 네 발을 땅에 펼친 채 얌전히 웅크린 사자가 다니엘을 응시하고, 그 광경을 지켜보는 왕의 표정에 경이로운 광경으로 인해 놀라는 마음이 잘 드러나 있는 작품이었다.

"죽음도 두려워하지 않는 그 믿음이 정말 위대해 보여요. 우리도 다니엘처럼 기도할 수 있을까요?"

동그란 안경 너머로 죠이의 눈빛이 반짝거렸다. 뒤이어진 일행 모두의 침묵은 쉽지 않은 질문에 대한 반증처럼 느껴졌다.

"새벽녘 다리오 왕이 다니엘을 찾았을 때의 장면이군요."

찰스가 잠깐의 침묵을 깨며 말했다.

"맞아요, 찰스. 다니엘이 걱정돼 밤새 한숨도 이루지 못한 왕이 굴 앞에서 다니엘을 애타게 부르던 목소리가 들리는 듯하네요."

▶ 다니엘의 기도를 본받으라

데이빗 목사는 다니엘 조각상 옆으로 다가가면서 말을 이어 나갔다.

"다니엘은 바벨론 왕국의 국무총리로 일하고 있던 어느 날, 그를 시기한 정적들의 음모로 굶주린 사자 굴에 들어가게 되었지요. 깊은 산속의 맑은 물처럼 투명하고 청결한 그의 삶에서 흠을 찾지 못한 대적들이 다리오 왕을 설득하는 데 성공합니다.

30일간, 황제 이외 그 어떤 신이나 사람에게 절하는 자는 사자 굴에 던진다는 왕의 긴급 조서가 전국에 하달되었죠. 하지만 다니엘은 그 덫을 알면서도 묵묵히 습관을 좇아 기도합니다. 성경은 '이 조서에 왕의 도장이 찍힌 것을 알고도 자기 집에 돌아가서는 윗방에 올라가 예루살렘으로 향한 창문을 열고 전에 하던 대로 하루 세 번씩 무릎을 꿇고 기도하며 그의 하나님께 감사하였더라' 단 6:10고 다니엘의 죽음을 각오한 기도를 설명하고 있습니다.

그는 창을 열고 기도함으로써 자신의 신앙을 숨기지 않고 드러냈습니다. 습관을 좇아 성실히 무릎을 꿇었습니다. 더욱 놀라운 것은 다니엘이 감사했다는 것입니다.

그는 이제 곧 잡혀갈 것을 알고 있었습니다. 사자의 이빨에 온 몸이 가루가 돼 버린다는 사실을 잘 알고 있었다는 이야기입니다. 그런 그가 울면서 통곡했다고 하지 않습니다. 감사했다고 성경은 기록하고 있습니다.

다니엘은 결국 사자 굴에 던져졌습니다. 정적들은 만세를 불렀을 것입니다. 다리오 왕은 식음을 전폐하고 슬픔에 잠겼지요. 다니엘을 아꼈던 다리오 왕에게는 하룻밤이 아마 천 년처럼 느껴졌을지도 모릅니다.

성경은 그가 새벽에 일어나 굴 앞에서 다니엘을 슬프게 불렀다고

기록하고 있습니다. '다니엘아, 네가 항상 섬기는 네 하나님이 사자들에게서 능히 너를 구원하셨느냐?'

그러자 곧바로 드라마틱한 장면이 펼쳐집니다.

다니엘을 굴에서 올렸는데 그 몸이 조금도 상하지 않았습니다. 그 이유는 다니엘이 자기 하나님을 의뢰함이었다고 말합니다. 믿음입니다. 절대 믿음. 하나님을 향한 불변의 믿음!"

믿음이라는 단어를 반복하던 데이빗 목사는 질문 하나를 던졌다.

"쉬운 질문을 하나 하겠습니다. 다니엘은 절대 믿음을 무엇으로 표현했습니까?"

"……."

"대답하지 않으셔도 좋습니다. 그래요. 여러분 모두가 생각하는 그 하나의 해답을 제가 말해 볼까요? 기도입니다. 열린 창에서 드린 감사의 기도! 하나님은 그의 기도를 듣고 계셨습니다. 그리고 사자 굴에서 그를 끌어내셨습니다. 이 조각상의 제목처럼 드래그 업Drag up! 하신 것입니다."

데이빗 목사는 두 손으로 밧줄을 꼭 붙잡아 끌어당기는 모습을 흉내 내며 존을 향해 시선을 던졌다.

▶ **우리를 사자 굴에서 끌어내시는 하나님**

"존, 다니엘이 빠져 있던 사자 굴은 오늘날 우리가 살아가는 사회에서는 어떤 것을 상징한다고 생각하나요?"

"글쎄요. 사실 지금의 제 상황이 바로 사자 굴처럼 극단적인 상황 같습니다. 충성을 다한 직장에서 밀려나고 당장 무엇을 해야 할지 판단이 서지 않는 아픔의 시간들이 사자 굴이 아닐까요? 하기야 저보다 더 고통스러운 분들이 왜 없겠습니까.

어느 날 갑자기 시한부 인생을 선고 받고 병마와 힘겹게 싸우는 환자들, 믿었던 사람들에게 사기와 배신을 당하고 신용불량자가 되어 버린 사람들, 전쟁의 소용돌이 속에서 부모를 잃고 울부짖는 전쟁고아들. 사실 이루 다 말할 수 없을 만큼 많은 아픔을 겪는 이들이 있지요. 그들이 맞닥뜨리고 있는 잿빛 하루하루가 사자 굴이라고 생각되네요."

"맞아요, 존. 존이 처해 있는 갑작스러운 실직도 좋은 예지요. 또 질병, 재정 파탄, 가정의 불화, 우울증, 사고 등 사자 굴 같은 환경은 누구에게나 다가올 수 있답니다. 하지만 우리가 기억해야 할 것은 다니엘을 끌어내신 하나님은 오늘 우리도 끌어내신다는 사실입니다.

죄와 사망의 웅덩이에서, 절망과 고통의 심연에서, 환난과 시험의 질곡에서 우리를 아니 바로 나를 끌어내십니다."

존은 자기도 모르게 큰 소리로 "아멘!"을 외쳤다. 그 누구보다 질곡에서 벗어나고 싶다는 염원이 강했기 때문이리라. 뒤편에서 조각상을 바라보며 묵묵히 이야기를 듣던 죠이가 존과 메리 곁으로 다가왔다. 긴 금빛 머리칼이 물결치는 밀밭을 닮은 그녀는 이름처럼 얼굴에 기쁨이 묻어나는 모습이었다.

"사자 굴 같은, 사망의 음침한 골짜기 가운데 떨어져 있는 듯한 세월이 있지요. 몇 년 전까지 저도 안개만 자욱한 슬픔의 계곡을 지나다니고 있었어요."

메리는 죠이의 손을 잡으며 말했다.

"어떤 문제가 있었는지, 우리에게 용기가 될 만한 사건이라면 이야기해 주세요."

▶ 죠이의 이야기

죠이는 잡은 손을 살며시 빼내며 자신의 왼쪽 가슴을 손가락으로 가리켰다.

"심장이 문제였죠. 최악의 상황이었다고 생각해요. 어릴 때부터 앓아 왔던 심장 판막증이 심각한 수준까지 이르게 된 거예요. 제 심장 판막은 두껍게 굳어져서 오른쪽 심장이 제 기능을 못할 정도로 비대해졌답니다. 운동은 상상할 수도 없고 계단을 오르는 것만으로도 숨이 끊어지는 듯한 통증이 찾아왔어요.

저는 어릴 때 받았던 주님의 은혜를 잊은 채 교회에 발걸음을 끊은 지 오래된 상태였지요. 그 당시 남편도 사업에 실패해 빚만 몇 십만 달러였어요. 도대체 어디서부터 풀어 가야 할지 앞이 보이질 않았죠. 그러던 어느 날, 집에서 무료한 시간을 보내면서 TV 채널을 돌리고 있었어요. 그때 기독교 채널인 TBN(Trinity Broadcasting Network)에서 데이빗 목사님의 치유에 대한 설교를 시청하게 되었답니다.

목사님께서는 예수님께서 이 땅에서 행하신 3가지 사역을 이야기 하셨어요. 진리를 가르치고 병자를 치유하셨으며 복음을 전파하신 주님께서 오늘날도 우리의 영혼과 육체를 치유해 주시기를 원한다고 하셨죠.

주님께서 그렇게 많은 이들을 치유하시고 질고에서 해방시켜 주셨다는 사실이 제게는 이론이 아니라 체험해야 할 절박한 문제로 다가왔어요. 알고는 있었지만 진실로 믿지 않았던 성경의 기사들에 그날은 믿음이 솟아나더니, 한 치의 의심도 들지 않는 거예요.

데이빗 목사님은 38년 된 병자도, 12년 된 혈루증 여인도, 중풍 병자도, 앞 못 보는 사람도, 심지어 죽은 자도 살리신 주님께서 오늘 당신을 치유하시길 원한다고 강력하게 선포하셨죠."

"그럼 TV를 보다가 심장병이 치유되신 거예요?"

존의 물음은 마치 어린아이가 옛날이야기를 듣다가 궁금증을 이기지 못해 보채는 듯 했다. 죠이가 미소를 머금더니 고개를 저어 보였다.

"어떤 이는 TV를 보다가도 은혜를 체험했다고 하는데 저는 아니에요. 방송에서는 일주일 뒤에 있는 데이빗 목사님의 치유 세미나에 대한 안내를 하더라고요. 제가 사는 곳에서 2시간쯤 거리에 위치한 교회였어요. 저는 기대를 품고 일주일 동안 간절히 기도하기 시작했답니다.

드디어 세미나가 열리는 교회로 찾아갔지요. 차를 주차하고 교회까지 가는 길은 꽃들이 흐드러지게 피어 있는 아름다운 길이었죠. 하지만 그 오르막길이 얼마나 멀게 느껴지던지, '여기서 쓰러지는 구나' 하는 생각만 들더군요. 겨우겨우 기어올라 교회 뒷좌석에 자리를 잡고 앉았습니다. 찬양하고 말씀을 듣는 3시간이 순식간에 지나갔어요.

말씀을 마치신 목사님께서 치유기도 전에 하신 말씀이 지금도 생생합니다. '제게는 주님께서 주신 특별한 은사가 있습니다. 환자의 아픔을 그대로 제 몸에서 느끼는 것이죠. 성령께서 이런 능력을 부어 주실 때는 누군가를 치유하시겠다는 사인sign인 경우가 많습니다. 지금 이곳에는 수백 명이 넘는 믿음의 가족들이 모여 있습니다. 지금 제게 주시는 성령의 인도대로 선포합니다.

이 시간 심장이 좋지 않아 극도의 가슴 통증이 있는 누군가를 치유하시길 원하십니다. 본인이 그 사람이라고 생각되신다면, 나를 병마에서 놓인 바 되게 해 달라고, 심장을 건강하게 회복시켜 달라고 주님께 부르짖어 간구하시길 바랍니다! 모두 함께 기도합시다!'

데이빗 목사님의 선포는 놀라웠습니다. 분명 제게 주시는 말씀이라 믿었죠. 부르짖어 간구하라는 선포대로 남아 있는 온 힘을 다해 소리 쳤습니다. 마치 '나사렛 예수여! 우리를 도우소서!' 라고 길거리에서 간절히 외쳤던 나병 환자처럼, 나를 고쳐 달라고 소리쳤습니다."

"그래서요?"

존은 여전히 뒷이야기를 궁금해 하는 어린아이 같았다.

"저는 기도하면서도 치유가 서서히 일어날 것이라고 생각했죠. '오늘 기도했으니 몇 달만 지나면 좋아질거야' 하는 생각 정도요. 그런데 하나님의 방법은 달랐어요.

한참을 기도하고 있었는데 어느 순간 가슴에 맺혀 있던 답답한 기운이 봄눈처럼 녹아 버리는 것을 느꼈죠. 너무나 놀라웠어요. 깨끗하게 치유된 심장은 아직까지 말썽을 부리지 않는답니다. 호호."

"나도 그날이 생각나네요. 화이트빌처치로 기억됩니다. 치유 선포를 마치고 계속 은혜를 구하며 기도했었지요. 삼사십 분 쯤 지났을까요. 죠이가 내게 달려와 펄쩍펄쩍 뛰는 거예요.. '치유됐어요. 목사님! 주님께서 제 심장을 바꿔 주셨어요!' 라고 소리소리 지르던 죠이의 모습이 아직까지 새롭습니다. 하하."

데이빗 목사의 호탕한 웃음이 주위에 퍼졌다.

▶ 인생의 위기라면 부르짖어 기도하라

존이 물었다.

"목사님, 항상 기도는 부르짖으면서 해야 하나요? 그런 기도가 빨리 응답되나요?"

"언제나 부르짖는 기도를 할 수만은 없겠지요. 주님과 골방에서 나누는 은밀한 기도도 소중하며 침묵 기도도 깊은 영성을 가꿀 수 있는 방법이 분명합니다. 하지만 한번 생각해 보세요. 물에 빠진 사람이 조용하게 '저를 도와주세요. 살려 주세요!'라고 속삭이던가요? 만약 인생의 위기라고 여겨지는 문제가 발생한다면 두 가지가 필요합니다.

첫 번째는 자신의 삶을 돌이켜 보는 뜨거운 회개의 눈물이요, 두 번째는 하나님을 향해 부르짖는 기도 소리지요. 다윗은 최고의 통치자이자 시인이며 음악가였습니다. 하지만 그 어떤 것보다 하나님 앞에 진실되고 영성 깊은 신앙인으로 서기 위해 최선을 다했지요. 그의 일생은 위기의 연속이었습니다. 장인인 사울의 칼날에 쫓기고 자식인 압살롬의 반역에 도망했습니다.

수많은 적들과의 전쟁이 끊이질 않았던 그의 삶에 아픔이나 질병, 상처가 왜 없었겠습니까? 그런 다윗이 시편에 고백한 말에 주목해 볼 필요가 있습니다. '여호와 내 하나님이여 내가 주께 부르짖으매 나를 고치셨나이다' 시 30:2."

"맞아요, 목사님. 이번 기도여행의 주제 성구도 예레미야서의 말씀이죠. '너는 내게 부르짖으라 내가 네게 응답하겠고 네가 알지 못하는 크고 은밀한 일을 네게 보이리라.' 깜박 잊고 있었네요."

존의 머릿속에 부르짖는 기도에 대한 퍼즐 조각이 조합을 이루며 제자리를 찾는 듯했다.

▶ 마라의 우물 앞에서 부르짖으라

일행은 꽃길로 조성된 산책로를 따라 100미터쯤을 걸어 나갔다. 오른편에 사막처럼 모래언덕이 조성되어 있고 종려나무 몇 그루와 돌무더기로 만든 원형 우물이 보였다.

도로변 입구에 서 있는 시설 안내 게시판에는 '마라의 우물'이라는 로맨틱 글씨체가 선명하게 새겨져 있었다. 모두 우물곁에 빙 둘러서자 종려나무 두 그루 사이에 설치되어 있는 스피커에서 갑자기 군중들의 함성 소리가 들리기 시작했다.

"우리에게 물을 달라!"

"우리를 죽일 셈인가! 모세, 우리에게 마실 물을 달란 말이야!"

"우물이 있으면 뭘 해. 쓴물밖에 없잖아. 차라리 애굽이 나았어. 이 광야에서 우리를 목말라 죽게 할 셈인가! 모세! 모세!"

군중들의 함성 후 간절한 기도가 들려왔다.

"여호와여! 내 기도를 들으소서. 저 무지한 백성들이 광야의 목마름에 지쳐 원망을 쏟아냅니다. 불쌍히 여기소서. 우물이 있으나 너무 써서 마시질 못합니다. 타는 목마름을 해갈할 생수를 공급해 주소서!" 마치 라디오 드라마처럼 기도 소리가 끝나더니 내레이션이 이어졌다.

'모세가 여호와께 부르짖었더니 여호와께서 그에게 한 나무를 가리키시니 그가 물에 던지니 물이 달게 되었더라.' 이곳은 이스라엘 광야에 있는 마라의 우물을 모형으로 제작한 공간입니다. 쓴물을 단물로 바꾸어 주시며 이스라엘 백성을 인도하신 하나님의 기사를 상상해 보세요."

메리가 말했다.

"목사님, 마라의 우물에서 모세가 부르짖었다고 하네요?"

"그래요, 메리. 간절히 부르짖었어요. 위기의 상황입니다. 썩어 있는 우물만 앞에 있어요. 인간적으로 생각하면 무슨 해답이 있겠습니까? 모세는 속삭이지 않았습니다. 하나님을 향해 부르짖는 기도를 올려 드렸지요. 이백 만이 넘는 이스라엘 백성을 출애굽시켜 홍해를 건넜어요. 불과 사흘 전에 홍해가 갈라지는 어마어마한 하나님의 기적을 체험했지만 이스라엘 백성들은 목이 마르다며 원망을 쏟아 냈지요."

▶마라의 우물에 십자가를 던져라

"하나님께서는 지정하신 나무를 썩은 물에 던지라고 하시지요. 그 즉시 쓴물이 단물이 되었습니다. 여기에서 주목할 것은 나무는 예수 그리스도의 십자가를 상징하며 썩은 물은 인간이 사는 세상을 나타낸다는 것입니다.

정치도, 경제도, 교육도, 문화도, 종교도 썩을 수 있습니다. 인간의 심성도, 정신도, 영혼도 부패할 수 있습니다. 그러나 다시 사는 길이 없는 것은 아니에요. 영혼을 살리고 정신을 고치고 역사도 고치는 나무를 던지면 됩니다.

십자가를 그곳에 던지면 됩니다. 예수님의 십자가는 영혼을 살리고, 정신도 살리고, 가정도, 국가도 살립니다. 그 십자가의 은혜가, 그 능력이 부르짖는 기도를 통해 공급됩니다."

▶ **부르짖는 기도로 쓴물이 단물이 되게 하라**

명쾌한 설명에 고개를 연신 끄덕거리던 존은 아쉬운 듯 데이빗 목사를 향해 말했다.

"목사님의 말씀을 들으니 마라의 우물과 예수님의 십자가가 하나로 연결되는 느낌이 들어요. 부르짖으며 기도하고 싶은 마음이 굴뚝같지만……. 뭐, 여기서는 힘들겠죠?"

"아니에요, 존. 이곳 그레이스파크는 크리스천들의 깊은 영성 훈련을 위한 공간이라는 걸 아직 실감하지 못했군요. 하하! 기도합시다. 부르짖는 기도의 능력을 체험할 수 있는 공간이 바로 '마라의 우물'이랍니다. 자, 모두들 손을 연결해 잡고 우물을 향해 빙 둘러서 주세요."

기도여행에 참가한 일행 모두 손을 잡고 원을 만들었다.

"여러분, 우물 안에 있는 물 색깔을 먼저 보세요. 현재는 어떤 빛깔입니까?"

"오우, 완전히 검은빛인데요. 지저분하게 보이고, 말 그대로 썩은 물처럼 보여요."

브라이트가 얼굴을 찡그리며 답했다.

"좋아요. 지금부터 우리가 한마음이 되어 부르짖는 통성 기도를 하길 원합니다. 기도 제목을 드리지요. 우리가 함께하는 기도여행을 마칠 때에는 참가한 모두가 각자 섬기는 공동체와 우리나라 그리고 세계 각처에서 쓰임 받을 수 있는 거룩한 멘토가 되게 해 달라고 기도합시다. 중요한 것은 온 힘을 다해 목청껏 기도해야 한다는 것입니다. 자, 기도합시다. 주여! 주여! 주여!"

모두가 소리를 높여 기도하기 시작했다. 존도 새로운 삶을 기대하며 간절히 기도했다. 얼마의 시간이 흐르자 온몸에 열기가 오르고 땀이 흘러내렸다.

그 순간 "펑! 쏴아!" 하는 소리가 들리며 마라의 우물에서 투명한 생수가 하늘 높이 솟아올랐다. 기도하던 사람들은 "와아!"하는 환호성을 지르며 세차게 솟아나는 물줄기를 올려다보았다.

브라이트는 우물 안을 쳐다보더니 물의 색깔이 맑게 변하고 있다고 말하며 놀라움을 억제하질 못했다.

"이것 보세요. 물이 투명한 빛으로 변하고 있어요."

"신기하죠. 마라의 우물에는 음량 측정기기와 음량 감지센서로 작동하는 분수 시설이 되어 있답니다. 물론 물 빛깔을 바꾸는 시스템까지 하나의 운영 체제로 작동되지요. 통성 기도를 통해 입력된 수치만큼 음량이 충족되면 생수가 솟아나도록 설계되어 있습니다.

지금 솟아오르는 생수는 기계로 작동되는 것이지만, 여러분의 삶에서는 마라의 쓴물 같은 문제들이 부르짖는 기도를 통해 생수 같은 축복의 열매로 변화 되리라 믿습니다."

존은 아름답게 솟아오르는 새하얀 물줄기를 바라보며 외쳤다.

"와우! 물줄기 뒤편을 보세요. 무지개에요, 무지개! 노아의 홍수 뒤에 하나님께서 언약으로 주신 무지개! 우리의 밝은 미래를 약속해 주시는 것 같아서 기분이 최곤데요. 하하하!"

> 내가 너희와 언약을 세우리니 다시는 모든 생물을 홍수로 멸하지 아니할 것이라 땅을 멸할 홍수가 다시 있지 아니하리라…… 내가 내 무지개를 구름 속에 두었나니 이것이 나와 세상 사이의 언약의 증거니라 (창 9:11-13).

기도의 원리 2

부르짖는 기도

1. 우리를 사자 굴에서 끌어내시는 하나님
다니엘은 죽음의 덫을 알면서도 열린 창에서 기도했습니다.
기도하면 하나님이 우리를 사자 굴에서 끌어내십니다.

2. 인생의 위기 앞에서 부르짖는 기도가 필요합니다
인생의 위기, 하나님을 향해 부르짖는 기도 소리가 필요합니다.
자신의 삶을 돌이켜 보는 뜨거운 회개의 눈물이 필요합니다.

3. 마라의 우물 앞에서 부르짖어 기도합니다
모세는 마라의 우물 앞에서 간절히 부르짖었습니다.
하나님은 기도에 응답하시고 쓴물을 단물로 바꿔 주셨습니다.

4. 마라의 우물에 십자가를 던져야 합니다
십자가가 마라의 썩은 물과 같은 세상을 변화시킵니다.
십자가의 능력이 부르짖는 기도를 통해 공급됩니다.

🌱 생각해 봅시다

사자 굴과 같은 환경에서 고통 받는 내 이웃은 누구입니까?
내 삶에서 단물로 변해야 할 쓴물이 있습니까?
나는 부르짖어 기도하는 습관을 가지고 있습니까?

예수께서 나가사 습관을 따라
감람산에 가시매 제자들도 따라갔더니
(누가복음 22장 39절)

6
예수님의 기도습관

존은 마음속에 무지개를 간직하고 싶었다. 마라의 우물에서 만난 무지개는 존에게 약속하시는 하나님의 사인sign처럼 일곱 빛깔 희망을 채색하게 했다.

"내 환경을 불평하지 말자. 할 수 있다는 가능성을 먼저 보고 문제의 해답을 구하는 기도자가 돼야 해."

존의 골똘한 모습을 메리가 유심히 바라보고 있었다. 남편의 밝아진 표정이 싫지 않았다.

오후의 햇살이 따사로웠다. 그림자가 제 몸을 늘어뜨리려 채비하고 있었다. 멘토와 멘티들은 그레이스파크 산책로를 따라 도란도란 이야기를 나누며 한가로이 걸었다. 얼마쯤 갔을까?

높이가 5미터도 넘어 보이는 거대한 물음표가 그들 앞에 모습을 드러냈다. 알루미늄 재질로 보이는 조형물은 와이어로 균형이 잡혀 있었고 햇빛을 받아 반짝거렸다.

존이 물음표를 이리저리 만져 보며 데이빗 목사를 향해 말했다.

"이야! 대단한 물음표인데요. 목사님, 이 물음표의 정체가 궁금해지네요. 하하!"

"궁금할 만하지요. 자, 이곳에서 여러분은 친구를 만나게 될 것입니다. 그 친구가 누군지 여기 안내판에 소개되어 있는데 모두 와서 읽어 보도록 하세요."

친구를 만나게 된다는 말은 멘티들의 호기심을 더욱 자극했다.

▶ **나는 당신의 친구다. 나는 누구일까?**

안내판 상단에는 '나는 누구일까?'라는 타이틀이 입체적으로 양각되어 있었다. 실버톤이 현대적인 느낌을 잘 살려 주는 패널 위로 다음과 같은 글이 적혀 있었다.

나는 당신의 영원한 동반자이다.
나는 당신에게 가장 큰 힘이 되기도 하고
가장 무거운 짐이 되기도 한다.
나는 당신을 전진하게 만들기도 하고
당신을 잡아끌어 실패하게 만들기도 한다.
나는 전적으로 당신의 명령을 받는다.
당신이 하는 일의 절반 정도는 나에게 넘어오며
나는 그 모든 일을 신속하고 정확하게 해치울 수 있다.
나를 통제하기는 아주 쉽다.
하지만 단호해야 한다.
어떤 일을 어떻게 처리하고 싶다고 정확히 보여 주기만 하면
몇 차례의 시도 끝에 자동적으로 그 일을 처리한다.
나는 모든 위대한 사람들의 충복이며
동시에 모든 실패자의 충복이기도 하다.

나는 위대한 사람을 더욱 위대하게 만든다.
실패자는 더욱 실패하도록 만든다.
기계의 정밀함과 인간의 총명함을 갖고 일하지만
나는 기계가 아니다.
나를 통해 이익을 얻을 수도 있고 파괴될 수도 있다.
당신이 어떻게 되든 나는 상관이 없다.
나를 잡아 길들이고 훈련시키고 단호하게 통제하면
나는 당신의 발밑에 이 세상을 바칠 것이다.
나와 함께 편안히 살아라.
그러면 내가 당신을 파괴할 것이다.
나는 당신의 친구다.
나는 누구일까?

나는 습관이다.[4]

▶ 감람산 여행

데이빗 목사는 멘티들을 조형물 뒤편에 세워진 ABR_{Aero Balloon Robot}[5] 전시관으로 안내했다.

전시관 외형은 하나의 산봉우리 모양이었고 군데군데 울창한 올리브나무 숲이 표현되어 있었다. 높이만 10미터 이상 되었으며, 입구에는 '감람산으로의 초대'라는 사각형 플랜카드가 애드벌룬에 매달린 채 바람에 흔들렸다.

전시관에서는 감람산에서 일어난 주요한 성경의 장면을 정교한 밀랍 인형을 통해 보여 주고 있었다. 밀랍 인형은 실물처럼 정교하게 제작되었으며 하나의 장면을 표현하기 위한 전시 디스플레이 기술도 완벽에 가깝게 느껴졌다.

마치 예수님 당시의 감람산에 있는 듯한 착각을 불러일으키기에 충분했다. 맨 처음 전시되어 있는 장면은 예수님의 겟세마네 기도 장면이었다. 두 손을 모으고 간절히 기도하시는 예수님과 기도에 힘을 더하고 있는 천사가 보였다.

그리고 조금 거리를 두고서 기도하지 못하고 잠이 들어 버린 제자들의 모습이 눈에 띄었다.

데이빗 목사가 전시물에서 돌아서며 말했다.

▶ 예수님은 습관을 따라 기도하셨다

"여러분이 전시관 입구에서 읽었던 글에서처럼 습관에는 힘이 있습니다.

새뮤얼 스마일스Samuel Smiles는 '우리가 생각을 심으면 행동을 거두고, 행동을 심으면 습관을 거두게 된다. 습관을 심으면 성품을 거두고 성품을 심으면 운명을 거둔다'라고 말을 했지요. 또한 오비디우스는 '습관보다 더 강력한 것은 없다'라고까지 이야기합니다.

예수님께도 습관이 있었습니다. 여러분이 지금 보고 계시는 장면, 겟세마네의 기도입니다. 감람산에 기도하러 오시는 예수님을 누가는 이렇게 설명했습니다. '예수께서 나가사 습관을 따라 감람산에 가시매 제자들도 따라갔더니.'

무엇을 따라 감람산에 가셨다고요? 습관입니다. 습관! 예수님께서 감람산을 찾아 기도하는 것은 일상의 습관이셨던 것입니다. 거룩한 습관이었지요."

데이빗 목사는 오른쪽으로 몇 걸음 움직이더니 조형물 앞에 설치된 빨간색 터치 버튼을 지그시 눌렀다. 예수님이 기도하시는 앞쪽에 한 줄기 강렬한 빛이 비추어 내리더니 물결처럼 움직이기 시작했다.

마티아니Martiani가 작곡한 〈감람산에서in monte Oliveti〉가 장엄한 아카펠라 선율로 흘러나왔다. 십자가의 고난을 앞에 두고서 기도하셨던 예수님의 간절한 기도 소리가 멘티들의 가슴에 핏방울이 되어 떨어지는 듯 했다.

"나의 아버지, 할 수만 있다면 제게서 이 잔을 지나가게 해 주십시오. 그러나 내 뜻대로 하지 마시고, 아버지의 뜻대로 하시길 원합니다. 이것이 제게서 지나갈 수 없고 제가 마셔야만 한다면, 아버지의 뜻대로 되기를 기도합니다."

겟세마네 기도 장면을 지나 다음 장소로 가자, 감람산에 앉으셔서 제자들에게 비유로 말씀을 전하고 계시는 주님의 모습이 나타났다. 편편한 바위 위에 앉으신 예수님은 제자들을 향해 시선을 고정한 채 말씀하고 계셨다.

제자들도 예수님 앞에 옹기종기 모여 앉아 열심히 경청하는 모습이었다. 이번에는 찰스가 다가가 조형물 앞에 설치된 터치 버튼을 눌렀다.

감람산에서 제자들에게 가르치셨던 말씀이 들려왔다. 주의 재림과 세상 끝 날의 징조를 묻는 제자들의 질문에 여러 가지 비유를 들어 설명하시는 주님의 음성은 부드럽고 차분했다. 멘티들은 자신들이 열두 제자가 된 듯한 기분이었다.

▶ **기도를 거룩한 습관으로 만들라**

"감람산은 예수님과 제자들에게 학교이기도 했습니다. 자연을 벗 삼아 하늘의 진리를 가르치셨지요. 언제나 비유로 말씀하시며 제자들에게 쉽게 설명하고자 노력하셨습니다. 가르치시고 치유하시며 복음을 전파하신 예수님의 일생은 사역의 일생이었습니다. 복음서를 살펴보면 예수님은 일생의 사역을 오직 기도로 실현하셨음을 알 수 있지요. 예수님께서 하신 기도 중 생각나는 대로 누가 말해 볼래요?"

데이빗 목사의 질문에 가스펠 가수인 호프가 먼저 대답했다.

"주님께서는 공생애를 시작하시기 전 광야에서 40일 동안 금식하시면서 기도하셨습니다."

호프의 말이 끝나자 여기저기서 대답이 이어졌다.

"제자들을 택하기에 앞서 밤을 새워 기도하셨습니다. 또 택한 제자들을 강하게 훈련시키고자 그들을 밤바다에 먼저 보내 놓고 산에서 기도하셨지요."

"하루 종일 가버나움에서 가르치시고 병을 고치시고 지치고 피곤한 육신이었지만 어김없이 다음날 새벽, 한적한 곳에 나아가 기도하셨습니다."

"죽은 나사로를 통해 인류 부활의 교훈을 가르치시고자 그의 무덤 앞에서 기도하셨습니다."

"방금 겟세마네 기도 존$_{zone}$에서 보았던 것처럼 십자가를 지시기 전 땀방울이 핏방울이 되도록 기도하셨습니다."

멘티들의 명확한 대답은 데이빗 목사의 얼굴에 잔잔한 미소가 번지게 만들었다.

"여러분이 말한 것처럼 예수님의 전 사역에는 기도가 버팀목이 되었습니다. 우리 주님의 기도는 거룩한 습관이었고 그분 삶의 거룩한 리듬이었습니다. 없어서는 안 될 실존의 방식이었죠. 그래서 기도는 호흡인 것입니다.

호흡은 반복적이며 습관적이지만, 호흡이 끊어지면 우리는 죽게 됩니다. 호흡은 생명인 것입니다. 성경은 기도가 바로 그런 생명의 호흡이라고 가르칩니다. '쉬지 말고 기도하라.' 호흡이 끊어지면 우리의 육이 죽듯이, 기도가 끊어지면 우리의 영도 죽습니다. 영이 죽는 순간 우리의 삶도 피폐해질 수밖에 없습니다.

그러므로 기도는 우리가 해도 되고 안 해도 되는 옵션 사항이 아닙니다. 사느냐 죽느냐 하는 문제인 것입니다. 여러분의 영이 살고 삶이 회복되고 축복의 열매를 거두길 원하십니까?"

데이빗 목사는 잠시 말을 멈추더니 목소리를 또렷이 강조하며 이내 말을 이었다.

"기도를 거룩한 습관으로 만드시길 바랍니다!"

어디선가 갑자기 흐느끼는 소리가 들려왔다. 모두들 고개를 두리번거리다가 입술을 물고 울음을 삼키고 있는 조나단을 쳐다보았다. 죠이가 다가가 조나단의 어깨를 다독거리며 하얀 손수건을 건넸다.

"조나단, 울지 말아요. 그런데 무슨 생각을 하다 눈물을 짓는 거예요?"

"기도는 사느냐 죽느냐의 문제라는 목사님의 말씀이 가슴을 저미게 하네요. 3년 전 추수감사절에 저는 생과 사의 기로에서 방황하고 있었죠."

"추수감사절은 1년 중 가장 즐거운 날 중 하나인데 생과 사의 기로에 설만큼 급박한 상황이 뭔가요? 사고가 났었나요? 뭐 교통사고 같은……?"

"사고는 아니에요. 굳이 설명을 하자면 조나단이라는 한 인간의 인생 자체가 깨끗이 사라질 상황이었죠. 어느 것 하나 제대로 된 것이 없었어요. 엉망진창이었죠. 사실 그때까지의 제 삶을 보면 정상적인 것이 하나도 없었어요."

▶ 조나단의 이야기

조나단이 회상의 그림 조각을 하나하나 끄집어내기 시작했다.

지금은 빛의 자녀가 되었지만 주님을 만나기 전에는 어둠형 인간의 전형이었죠. 전 중학교 졸업장도 없답니다. 학교에서 늘 싸움만 일삼다가 결국 퇴학 처분을 받게 됐어요.

할렘가 뒷골목에서 벌어지는 좀도둑질과 노상강도, 마약 밀거래는 그저 생활의 일부였습니다. 이십 대에는 갱단에서 독종으로 이름을 날렸을 정도로 포악한 성격을 가지고 있었어요.

한번은 다른 계파의 조직원들과 패싸움이 벌어졌는데 저는 제 온몸을 칼로 자해하며 그들을 위협했죠. 피범벅이 된 제 모습에 모두들 겁을 먹더니 슬금슬금 자리를 뜨더군요. 그때부터 갱단 세계에서는 이름이 알려지기 시작했죠.

하지만 세월이 지날수록 제게 늘어 가는 것은 교도소 전과와 범죄 기술들뿐이더군요. 어느 날 결혼하고 싶다는 생각이 들어 길을 걸어가던 한 여인을 납치했습니다. 상상이 가지 않으시겠지만 사실이에요.

그 주제에 결혼식이 하고 싶더라고요. 그 여인을 끌고 어디로 갈까 고민하다가 교회가 보여 무작정 들어갔습니다. 초로의 목사님이 계시더군요. 목에 칼을 들이댔습니다. 그리고는 결혼하고 싶으니 주례를 서 달라고 했죠. 무슨 영화에 나올 법한 이야기지요.

그런데 신기한 것은 그 목사님께서 이렇게 말씀하시는 거예요.

"당신의 칼은 겁나지 않습니다. 주례는 서 주고 싶소. 하지만 한 가지 먼저 내 청을 들어주어야 하오. 여기는 교회요. 당신이 예수 그리스도를 구주로 영접한다면 주례를 맡아 주리다."

나는 결혼만 하면 됐지 뭐가 대순가라는 생각이 들어 얼떨결에 예수님을 영접하는 기도를 올렸지요. 우여곡절 끝에 결혼을 했지만 당시 나는 오갈 곳 없이 쫓기는 몸이었어요.

그 사실을 알고는 목사님이 교회의 다락방을 비워 주시더라고요.

그 다락방에서 한 달쯤 살다가 나왔죠. 예수님을 영접했다고 해서 생활이 당장 달라지진 않았습니다. 오히려 더 악한 생활이 계속됐던 것 같아요. 사실 예수님은 안중에도 없었죠.

　납치했던 여인도 어느 날 도망을 갔고 나는 또 다른 여인들에 탐닉했습니다. 마약과 술, 도박판, 피비린내 나는 싸움터 속에서 그렇게 살아갔지요. 몸은 계속 망가져 갔고 각혈이 계속되어 병원을 찾았더니 의사가 왜 이제야 병원을 찾았느냐며 책망하더군요. 아무도 없었습니다. 모두 떠나고 저 혼자 세상의 어두운 벼랑 끝에 내몰렸지요.

　그때 문득 내가 칼을 들이대었던 목사님의 얼굴이 떠올랐습니다. 모두 다 나를 떠나가도 그 분만은 나를 받아 줄 것이라는 마음이 샘솟는 거예요. 그때 저는 오른쪽 다리가 잘 펴지질 않는 상태였어요. 기침을 하면 피가 쏟아지는 사람이 절룩거리며 길을 가는 모습을 한번 상상해 보세요.

　저는 그런 몸으로 교회의 문을 두드렸습니다. 목사님께서 저를 맞아 주시더군요. 성경을 읽어 주셨습니다. 이사야서 53장에 기록된 예수님의 수난을 그린 말씀이었어요. '그가 찔림은 우리의 허물 때문이요 그가 상함은 우리의 죄악 때문이라 그가 징계를 받으므로 우리는 평화를 누리고 그가 채찍에 맞으므로 우리는 나음을 받았도다.'

이 말씀을 읽어 주시면서 제게 부탁을 하셨어요. 우리라는 단어에 본인의 이름을 넣어서 계속 기도하라고. 그날이 마침 추수감사절이었답니다. 목사님은 근교에 있는 친척들과의 모임에 저를 초대하셨지만 염치가 없었던 저는 혼자 교회에 남게 되었지요.

저는 목사님께서 가르쳐 주신 대로 기도했습니다. '그가 찔림은 조나단의 허물 때문이요 그가 상함은 조나단의 죄악 때문이라 그가 징계를 받으므로 조나단은 평화를 누리고 그가 채찍에 맞으므로 조나단은 나음을 받았도다.'

기도하는데 처량하기 만한 내 모습이 서글퍼 하염없이 눈물이 쏟아지더군요. 그렇게 수백 번, 아니 천 번도 넘게 기도하다가 십자가 앞에서 잠이 들었습니다.

얼마나 잠을 잤을까요? 눈앞에 밝은 빛이 비추는가 싶더니 누군가 "조나단! 일어나라!"라고 우렁차게 외치는 거예요. 그 소리가 얼마나 크던지 깜짝 놀라 일어났지요.

그런데 아무도 없었습니다. 이상하다 싶어 고개를 갸우뚱거리고 있는데 굳어져서 꿈쩍도 않던 다리가 펴지는 거예요. 가슴의 통증도 사라져 버렸습니다. 저 같은 죄인의 괴수를 예수님이 살려 주셨어요. 생애 최고의 추수감사절을 예수님께서 선물로 주신 것입니다.

조나단의 이야기를 듣던 멘티들은 감격에 젖었다. 기적이 상식이 되는 기도의 능력을 들은 때문인 것 같았다.

"기적 같은 치유를 경험한 후 제 생활은 달라지기 시작했습니다. 성경 말씀이 꿀송이보다 달다는 말이 실감나더군요. 모두 제게 하시는 말씀 같았습니다.

새로운 사업의 문도 열리기 시작했어요. 지역 중소기업 센터에서 운영하는 프로그램에 등록해 과정을 이수했고 창업 자금을 지원 받아 아파트나 오피스텔 청소를 대행하는 용역 사업을 시작했죠. 지금은 15만 달러를 호가하는 특수청소 차량을 3대나 운영하는 회사의 대표로 성실하게 살아가고 있답니다. 물론 이 모든 축복의 터전을 위해 매일 새벽을 깨우며 기도하고 있지요.

기도 없이 살아갈 수 없습니다. 데이빗 목사님의 말씀처럼 기도는 사느냐 죽느냐의 문제라고 생각해요."

조나단의 두 눈가에 또다시 이슬이 맺혔다. 누구랄 것도 없이 모두들 조나단에게 다가가 그를 꼭 안아 주기 시작했다.

격려의 포옹과 맞잡은 손길 속에는 변화된 삶을 통해 하나님의 능력을 증거하는 조나단을 향한 멘티들의 사랑이 가득 담겨 있었다.

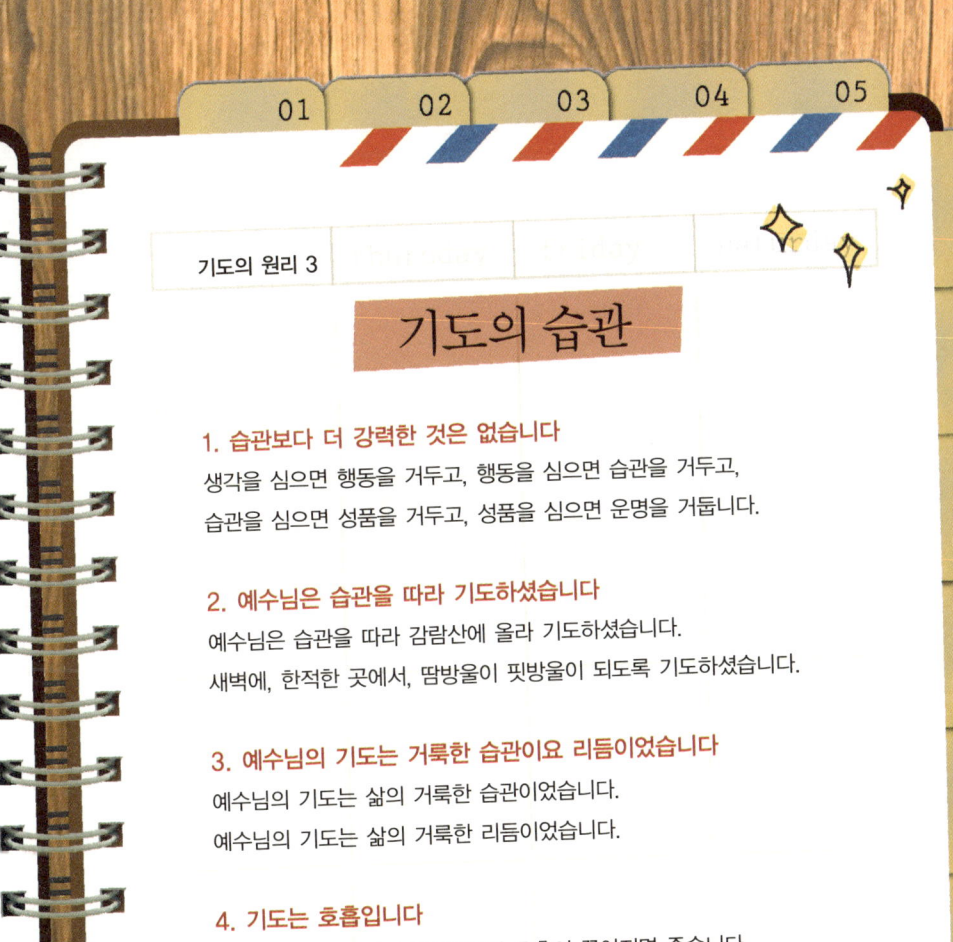

기도의 원리 3

기도의 습관

1. 습관보다 더 강력한 것은 없습니다
생각을 심으면 행동을 거두고, 행동을 심으면 습관을 거두고,
습관을 심으면 성품을 거두고, 성품을 심으면 운명을 거둡니다.

2. 예수님은 습관을 따라 기도하셨습니다
예수님은 습관을 따라 감람산에 올라 기도하셨습니다.
새벽에, 한적한 곳에서, 땀방울이 핏방울이 되도록 기도하셨습니다.

3. 예수님의 기도는 거룩한 습관이요 리듬이었습니다
예수님의 기도는 삶의 거룩한 습관이었습니다.
예수님의 기도는 삶의 거룩한 리듬이었습니다.

4. 기도는 호흡입니다
호흡은 반복적이며 습관적이지만 호흡이 끊어지면 죽습니다.
기도는 영혼의 호흡입니다.

🌱 생각해 봅시다
나에게는 어떤 습관들이 있습니까?
내 삶에는 거룩한 기도의 습관이 있습니까?
내 삶에서 기도의 호흡을 반복하기 위한 방법은 무엇입니까?

너희는 마음에 근심하지 말라
하나님을 믿으니 또 나를 믿으라
(요한복음 14장 1절)

7
응답 받는 믿음의 기도

존은 지저귀는 새소리에 눈을 떴다. 왈츠 음율 같은 지저귐이 이른 아침을 평화롭게 그려 냈다. 존은 일어나 창문을 활짝 열어 젖혔다. 숲속의 상쾌한 공기가 향긋하게 코끝을 간질였다. 자연의 품이란 역시 사람의 마음을 푸근하게 만들어 주었다.

오크빌리지는 참나무를 사용해 만든 2층 통나무집으로 울창한 숲속을 연상케 하는 환경을 조성해 놓았다. 그레이스파크 여행자들이 묵어가는 쉼터로, 삶에 지친 영혼은 이곳에 머무는 것만으로도 힘을 얻을 것만 같은 아름다운 공간이었다.

존은 빌리지 앞마당으로 나갔다. 산책로 곁으로 피어 있는 형형색색의 꽃들이 바람에 하늘거렸다.

"굿모닝, 존! 일찍 일어났네요."

찰스였다. 그가 맞은편 2층에서 반갑게 인사했다.

"굿모닝, 찰스! 행복한 하루가 열렸네요. 꼭 낙원에 와 있는 것 같은 기분이에요."

"오호, 적절한 비유인데요. 나도 숲 속에서 아침을 맞아본 지가 너무 오랜만이라 가슴이 막 뛰었거든요. 아, 커피 어때요?"

"좋아요. 수고해 주신다면 고맙지요."

잠시 후 마당에 내려온 찰스가 커피 잔을 내밀었다.

"숲 속에서 이른 아침에 마시는 커피라. 낭만적인데요."

존이 고마움을 표시하며 찰스에게 가벼운 미소를 보냈다. 존은 데이빗 목사의 멘토링도 좋았지만 그를 조력하면서 기도여행에 힘을 더해 주고 있는 찰스에게도 호감이 갔다.

젊은 목회자다운 활기와 해박해 보이는 성경 지식도 존의 마음 문을 열어 주기에 충분했다.

▶ **기도를 방해하는 염려, 걱정, 근심**

"짧은 시간 동안 기도에 대해 많은 것을 깨닫게 되는 것 같아요."
"다행스러운 일이군요."
"그런데 인간이 참 간사한 것 같기도 해요."
"그건 또 무슨 말이에요, 존."
"부르짖는 기도를 드릴 때는 온몸의 열정이 불타오르는 듯 했어요. 전시관을 돌아보며 예수님의 기도의 습관을 깨닫게 되었을 때는 제 삶에도 거룩한 습관을 만들어 내야겠다는 의지가 타올랐죠.

하지만 어젯밤 잠자리에 들기 전, 현실에 대한 문제가 계속 떠오르는 거예요. 나를 이렇게 만든 사람들이 밉고, 사실 그 사람들 집에라도 쳐들어가 분풀이를 하고 싶다는 생각까지 들지 뭐예요.

 새로운 일터를 찾아야 한다는 생각을 하니 답답한 마음에 잠을 이룰 수 없었어요. 기도할 생각은 엄두도 나지 않는 거 있죠. 갑자기 확 끓어올랐다 꺼지는 거품처럼, 내 모습이 꼭 그런 것 같아서 처량해졌어요."

 존의 얼굴에 수심이 보였다. 찰스는 존의 어깨를 다독거리며 커피를 한 모금 마셨다.

 "이해해요, 존. 현대인들은 너무나 많은 염려, 걱정, 근심거리를 안고 살아가죠. 개인적인 일에서부터 시작해 가정과 사회, 국가적인 일에 이르기까지 너무도 많은 염려거리들이 우리 주위에서 으르렁거려요. 불확실한 시대이고 보니, 눈만 뜨면 이런저런 사건들로 인해 정신을 차리지 못할 정도죠.

 세상 돌아가는 이야기를 듣노라면, 모든 게 불만투성이예요. 존처럼 전도유망한 직장에서 실직했을 때는 또 얼마나 상심이 크겠어요."

 "이해해 주니 정말 고마워요. 이런 걱정거리가 마음을 억누르는데 어떻게 집중해서 기도할 수가 있죠? 도대체 방법을 모르겠어요."

▶ 믿음으로 염려를 물리치라

 "음, 좋아요. 존, 한 가지 질문을 할게요."

 "뭔데요?"

"염려의 씨앗이 뭘까요?"

"염려의 씨앗이라. 염려의 씨앗은 그 원인을 제공한 사건이겠죠."

"아니에요. 염려의 씨앗은 바로 '불신' 즉 믿지 못하는 것이랍니다. 긍정에 대한 불신이죠. 플러스를 선택하지 못하기 때문에 마이너스적인 생각에 사로잡히는 것이랍니다. 염려는 백해무익한 것이죠. 오히려 사람들에게 해를 끼칩니다.

현대의 많은 병이 염려와 걱정으로 인한 스트레스에서 기인한다는 이야기를 들어보셨을 거예요. 심지어는 생명까지 잃게 만드는 뿌리가 바로 염려와 걱정이죠. 염려는 정신을 낡아지게 하고 그와 함께 몸도 낡게 합니다.

염려는 사람의 판단력을 둔화시키고 약화시킵니다. 점차적으로 생활력을 감퇴시키죠."

존은 심호흡을 하며 가느다란 한숨을 내뱉었다.

"그럼 염려를 이겨 낼 방법은요?"

"요한복음에 보면 예수님께서 십자가를 지고 죽으시며, 세상을 떠나게 될 것을 말씀하시는 장면이 나와요. 얼마나 놀랐겠습니까? 제자들은 매우 긴장하고 불안한 상태가 되어 버렸죠. 미래가 두려웠을 것입니다. 이런 침울한 분위기 속에서 예수님은 제자들에게 큰 위로의 말씀을 주십니다."

너희는 마음에 근심하지 말라
하나님을 믿으니 또 나를 믿으라(요 14:1).

"그렇다면 염려의 씨앗은 믿지 못하는 불신, 염려를 이길 힘은 하나님과 예수님을 믿는 믿음이라는 이야긴가요?"

찰스는 "빙고!"를 외치며 박수를 쳤다.

▶ 놀라운 믿음의 힘

"믿음의 힘은 염려의 벽을 깨뜨리기에 충분하죠. 어떤 극한 상황에서도 희망을 찾는 믿음은 우리에게 용기를 갖게 합니다. 제2차 세계대전 후 독일 퀘론에 있는 한 수용소 벽에 이런 문구가 적혀 있었다고 해요.

나는 태양이 있음을 믿는다
비록 그것이 빛나고 있지 않더라도
나는 사랑이 있음을 믿는다
비록 내가 그것을 느낄 수 없다 할지라도
나는 하나님을 믿는다
비록 그가 침묵하고 계실지라도

"어때요? 감동적이죠?"

"부끄럽네요. 죽음의 공포에 비하면 제 문제는 아무것도 아닌데 말이죠. 사실 어떤 순간에는 문제가 아무렇지도 않게 생각되다가도, 걱정에 갑자기 사로잡혀 갈팡질팡하게 되는 때가 많아요. 가만히 보면 걱정하고 다시 안심하고 하는 일이 되풀이된다고 봐야 할까요."

"존, 맞아요. 지극히 정상적인 이야기예요. 믿음이 올라가면 근심이 내려가고, 염려와 걱정이 올라가면 믿음이 다운되지요. 믿음과 근심은 마치 시소게임과 같아요.

우리는 소극적으로 근심과 걱정에 위축되지 말고 창조적으로 큰 믿음과 큰 비전을 가지기 위해 마음을 다해야 해요. 존, '고이'라는 물고기 이름을 들어보았나요?"

존은 고개를 가로저었다. 찰스는 나뭇가지 하나를 집어 들더니 땅바닥에 붕어처럼 보이는 아주 작은 물고기 한 마리를 그렸다.

"일본인들이 많이 기르는 관상어 중에 '고이'라는 잉어가 있어요. 작은 어항에 넣어두면 5~8센티미터 밖에 자라지 않지요. 이 고이를 연못에 넣어 두면 12~25센티미터까지 자라게 되요. 그런데 고이를 강물에 방류하면 90~120센티미터까지 자란다고 해요.

고이는 자기가 숨 쉬고 활동하는 세계의 크기에 따라 금붕어처럼 작은 물고기가 될 수도 있고, 대형 잉어가 되기도 한답니다. 이처럼 우리들도 '그가 어떤 믿음과 비전을 품고 사느냐?'에 따라 그 인생의 등

급과 수준이 결정되죠."

"저도 찰스의 말을 들으니 비전에 대한 문구 하나가 생각나네요. 대학 시절에 외우면서 꿈을 키웠던 문장인데……."

눈을 감은 사람은 손이 미치는 곳까지가 그의 세계요
무지한 사람은 그가 아는 것까지가 그의 세계요
위대한 사람은 그의 비전이 미치는 곳까지가 그의 세계다

"멋진 말이에요. 사람은 꿈 너머 꿈을 꾸는 존재죠. 누구나 그가 꾸는 꿈만큼 인생을 살 수 있어요. 사람의 차이가 있는 것이 아니라, 믿음과 비전에 차이가 있을 뿐이죠. 우리는 살아가면서 수많은 문제에 부딪치게 되요.

주님이 말씀하셨죠. '너희 중에 누가 염려함으로 그 키를 한 자라도 더할 수 있겠느냐' 마 6:27. 또 세상의 염려나 재물의 유혹 등으로 말씀을 막아 결실하지 못하는 '가시떨기의 마음밭'을 경계하시기도 하셨지요.

우리가 해야 할 최선은 염려를 버리고 믿음의 기도를 드리는 일이랍니다. 존, 잊지 마세요. 기도는 걱정을 해결하는 가장 강력하고 분명한 해결책이에요."

▶ **찰스의 이야기**

찰스는 호주머니에서 수첩을 꺼내더니 사진 한 장을 존에게 넌지시 건넸다. 존은 사진을 유심히 살펴보다가 '왜 이런 사진을 나에게 보여 주지?' 하는 표정을 내비치며 고개를 갸우뚱거렸다.

"찰스, 드라마 〈ER〉 [6]에 나오는 환자 모습인가요? 종창으로 고름이 흐르고 뼈만 앙상한 환자네요. 손가락과 발가락도 휘어 있고, 아무튼 중증의 병을 앓고 있는 것 같은데요."

"악성 류머티즘성 관절염으로 아픔을 겪는 환자의 사진이지요. 류머티즘성 관절염은 무서운 질환이에요. 현대 의학으로는 치유할 방법이 없답니다. 의학계에서는 자가 면역체계 이상으로 발병한다고만 할 뿐 뚜렷한 치유책이 없지요. 원인 불명의 만성 염증성 질환이에요. 관절의 통증과 염증으로 종창이 발생하고 빈혈도 동반돼요.

전신으로 병이 퍼지면 발열, 전신 쇠약, 극심한 통증이 이어지죠. 결국 장기 손상으로까지 이어지고 합병증으로 사망에 이를 수도 있지요."

"그런데 누구 사진이죠?"

찰스는 말없이 손가락으로 자신을 가리켰다.

"이게 찰스 사진이라구요? 말도 안 되는 소리예요. 얼굴도 다른 것 같은데요. 그리고 이렇게 건강한 모습의 찰스가 내 앞에 있는데 그 사실을 어떻게 믿으라는 건지. 농담하지 말아요, 찰스."

찰스는 빙긋이 웃더니 손을 내밀어 사진을 돌려받았다.

"믿지 못하는 게 당연하죠. 10년 전 제 모습이에요. 저는 제 삶에 주신 비전을 잊지 않으려 이 사진을 언제나 품에 품고 다닌답니다. 휠체어에 의지해야 했고 온몸에 종창이 퍼져 냄새가 진동했던 그 시절, 제게 무슨 소망이 있었겠어요. 매일 아침 제 목숨을 이제 그만 거두어 가 달라고 소원했다면 그 고통이 얼마나 심했는지 상상이 되겠어요?

제게 살아갈 이유를 선물해 준 사람은 하나밖에 없는 제 누나였죠. 누나는 동생의 아픔을 본인의 고난처럼 여겼어요. 관절이 붓고 온몸에 퍼진 종창으로 극심한 통증에 시달리는 나를 병원으로 실어 나르고, 좋다는 민간의 약들을 구해다 먹이는 등 헌신적인 노력을 멈추지 않았지요.

그리고 어둠의 골짜기를 지나는 동생을 구해 달라고 밤을 지새우며 기도했죠. 현대 의학으로 치료가 불가능하다는 의사의 말에도 희망의 끈을 놓지 않는 누나의 모습은 내게도 점점 용기를 심어 주었어요. 드디어 저도 염려하기보다 희망을 붙잡고 믿음의 기도를 올려 드리기 시작했죠. 그러던 어느 날, 주님께서 저를 찾아오셨지요."

"네에……. 그런데 언제 어디서요?"

"어느 날 교회에서 간절히 기도하고 있었죠. 그런데 환상 중에 주님이 찾아오셨어요. '네 고통을 내가 안다'고 하시더니 '약속을 지켜 줄 수 있겠니?' 하고 내게 물으시는 거예요."

"무슨 약속이었는데요?"

"나도 무슨 약속인지 몰라서 주님께 그 약속이 도대체 뭐냐고 물어 봤습니다."

"그랬더니요?"

"내가 어릴 때 주님께 고백했던 기억을 끄집어내 주시지 않겠어요. 예수님이 너무 좋다고, 이다음에 어른이 되면 주님의 복음을 전하는 사역자가 되겠다고 두 손 들고 기도했던 내 모습. 나는 그저 하염없이 눈물만 흘리고 말았답니다.

그리고 주님께 기도했죠. 이제라도 약속을 지키고 싶다고. 제가 겪는 고난이 오히려 하나님의 영광을 드러내는 재료가 되게 해 달라고……."

"오, 찰스. 그러면 그날 예수님과의 만남 이후 그 병에서 놓임을 받으신 건가요?"

"네. 당장은 아니었지만 급속도로 회복이 시작됐어요. 휠체어만 의지하던 제가 팔과 다리에 새 힘을 얻게 되고, 6개월 후에는 정상적인 활동을 하게 됐죠.

저는 그 다음 해에 신학대학에 진학했고 기독교 상담을 전공한 전문 사역 목회자가 되었답니다. 제가 고통 중에 있어 보았기 때문에 다른 이들의 아픔을 함께 공감하고 나누는데 도움이 되는 것 같아요. 교만하지 않게 사역하라고 주님이 제게 가시를 선물해 주셨다고 생각하고 있죠."

찰스는 손에 들고 있던 사진을 들어 자신의 얼굴 옆에 바짝 가져다 대더니 현재와 비교해 보라는 듯한 표정을 지어 보였다. 아침 햇살에 찰스의 얼굴이 밝게 빛났다. 존은 고개를 잠시 숙였다 들면서 찰스를 향해 물었다.

"찰스의 이야기를 들으니 저도 어떠한 상황에서든 염려를 버리고 믿음의 기도를 올리고 싶다는 마음이 솟아나네요. 하지만 어떻게 기도해야 할지를 생각하면 막막해요."

"이해합니다, 존. 음……."

잠시 뜸을 들이던 찰스가 말했다.

▶ **에브리띵** Everything!

"믿음의 기도를 위한 키포인트 key point가 있어요."

"키포인트, 그게 뭐예요?"

"에브리띵 Everything!"

"모든 것, 모든 일. 정확히 무슨 뜻이죠?"

"말 그대로예요. 정확히 풀어서 설명을 하면 '모든 일이 기도 제목이요 모든 일이 감사의 제목이다'라고 말할 수 있을까요."

"모든 일이라……. 어떻게 모든 일을 기도한다는 말인가요?"

아무것도 염려하지 말고 다만 모든 일에 기도와 간구로,
너희 구할 것을 감사함으로 하나님께 아뢰라(빌 4:6).

▶ 모든 일을 위해 기도하라

찰스는 빌립보서 4장 6절 말씀을 제시하며 모든 것이 기도의 제목이 된다고 말하기 시작했다.

"우리들의 삶에서 생기는 문제들 가운데 기도할 수 없는 것은 하나도 없답니다. 성경은 '모든 일'을 위해 기도하라고 하시죠. 존이 가지고 있는 모든 문제들을 기도하세요.

대부분의 크리스천들은 일상생활의 크고 작은 일을 처리할 때, 자기의 경험에 비추거나 남의 지혜를 빌리지요. 일일이 기도하고 처리하는 일이 극히 드물어요. 마치 특별한 경우에만 기도를 해야 하는 줄로 착각하고 있답니다. 하나님의 힘이 필요하다고 느껴질 때만 기도해야 한다는 생각을 하는 거에요.

아닙니다. 성경은 '모든 일에 기도와 간구를 하라'고 말씀하죠. 모든 일이란 '어느 것 하나라도 빠짐없이' 라는 말입니다. '전부 다' 라는 뜻이죠.

우리가 자고 깨고 숨 쉬고 생각하고 행동하는 일체가 여기에서 제외되는 것이 없답니다. 모든 순간과 매사를 기도로 시작해서 기도로 진행하고 기도로 마쳐야 된다는 이야기지요. 존, 조지 뮬러George

Mueller를 아시나요?"

"들어본 것 같은데요. 고아들을 위해서 살았다는 분 아닌가요?"

"맞아요. 조지 뮬러는 '고아의 아버지'라고 불리죠. 일생 동안 불쌍한 고아들을 돕는 사회사업을 한 분입니다. 하지만 또 다른 별칭은 '기도의 사람'이에요.

그는 주님의 일을 할 때에는 '한 시간 기도하고 네 시간 일하는 것이, 기도하지 않고 다섯 시간 일하는 것보다 더 큰일을 할 수 있다'고 말했어요.

그는 일생 동안 5만 번의 기도 응답을 받았으며, 5천 번의 기도를 단 하루 만에 응답 받았다고 고백했습니다. 1835년 어느 날, 그는 일기에 '어제 아침 너무나 돈이 필요해서 주님께 진심으로 기도했다. 그런데 그 기도 응답으로 어젯밤 한 형제가 나에게 10파운드를 보내 주었다. 아침의 기도가 저녁에 보내 준 기부금으로 응답되었다'고 기록하기도 했죠. 그의 자본은 돈이 아니라 기도였습니다.

그 기도의 특징은 한마디로 쉬지 않고 기도한다는 것이지요. 5만 번 응답을 받으려면, 한 건에 한 번만 기도했더라도 최소한 5만 번 기도를 해야겠지요.

모든 일에 대한 기도, 쉼 없는 기도는 믿음의 기도의 다른 말이기도 합니다."

쉬지 말고 기도하라(살전 5:17).

▶ 모든 일에 감사하라

기분 좋은 바람이 존의 볼을 스치고 지나갔다. 오크빌리지 안에 둥지를 튼 산새 몇 마리가 두려움 없이 두 사람 곁에서 모이를 찾았다. 동화 속 그림과도 같은 평화로운 시간. 존은 마음이 지극히 평안해짐을 느꼈다.

"에브리띵Everything의 두 번째, 모든 일이 감사의 제목이라는 의미는 어렴풋이 알 것 같은데요. 지금 대화를 나누는 이 시간도 감사의 제목이 될 수 있다, 뭐 이런 거 아니에요?"

"야아, 빨라요. 존. 하하. 지금처럼 평온하고 기쁜 순간에도 감사해야겠지만, 중요한 것은 슬프고 괴로운 순간에도 감사할 수 있어야 한다는 것입니다. 역경 중에서, 병 중에서, 생활이 어려울 때라도 모든 것을 하나님께 맡기고 감사하며 기도해야지요. 감사는 믿음의 또 다른 표현이랍니다.

감사보다 더 창조적인 신앙의 자세는 없어요. 감사의 기도를 드릴 수 있을 때, 하나님께 대한 전폭적인 신뢰와 확신을 가질 수 있게 됩니다. 성경의 많은 인물 중에서 고난 중에도 감사한 대표적인 인물은 욥이겠죠."

찰스는 고난과 역경 중에도 감사한 욥의 믿음의 고백을 담담히 전하기 시작했다.

"욥은 당대의 의인이요 하나님을 기쁘시게 한 사람으로서 당시에 큰 축복을 받은 사람입니다. 그런데 사탄이 하나님께 참소하여 큰 불행이 그를 찾아오게 되죠. 사탄이 하나님의 허락을 받고 욥을 치기 시작하는데 양 7,000마리, 약대 3,000마리, 소 500마리, 암나귀 500마리가 하루아침에 불타 죽었죠. 또 도적맞고, 많은 종들도 죽임을 당합니다.

뿐만 아니라 아들 일곱, 딸 셋이 맏아들 집에서 잔치를 벌이고 있었는데 태풍으로 집이 무너져 열 남매가 모두 죽었습니다. 자신의 온몸에 악창이 나서 기왓장으로 긁고 있을 때 그의 부인은 하나님을 욕하고 죽으라는 독설을 퍼붓지요. 욥보다 더 큰 고통을 당한 사람이 없어 보입니다. 놀라운 것은 이런 상황에서 터져 나온 그의 고백입니다."

이르되 내가 모태에서 알몸으로 나왔사온즉 또한 알몸이 그리로 돌아가올지라 주신 이도 여호와시요 거두신 이도 여호와시오니 여호와의 이름이 찬송을 받으실지니이다 하고 이 모든 일에 욥이 범죄하지 아니하고 하나님을 향하여 원망하지 아니하니라 (욥 1:21-22).

▶ 옥중에서 찬송하고 기도한 바울과 실라

찰스는 옥중에서도 찬송하며 기도한 바울과 실라의 이야기로 존의 이해를 더했다.

"빌립보에서 전도하던 바울과 실라는 점치는 여자 안에 들어가 있던 귀신을 쫓아내 주었습니다. 그러고 나서 그동안 점치는 여자 때문에 이익을 보던 사람들의 모함으로 옥에 갇히는 신세가 됩니다. 그러나 바울과 실라가 옥에 갇힌 그날 밤, 놀라운 일이 일어납니다.

옷이 찢기고 무수히 매를 맞은 바울과 실라는 깊은 감옥에 갇혀서도 기도하고 하나님을 찬송했습니다. 그 소리가 밖으로 흘러 나가 다른 죄수들도 들을 수 있었다고 합니다."

> 그가 이러한 명령을 받아 그들을 깊은 옥에 가두고 그 발을 차꼬에 든든히 채웠더니 한밤중에 바울과 실라가 기도하고 하나님을 찬송하매 죄수들이 듣더라 (행 16:24-25).

"바로 그때, 지진이 일어나 옥터가 움직이고 옥문이 열리고 모든 사람이 매임에서 벗어났습니다. 하나님이 그들을 매임에서 풀어 주신 것입니다. 바울과 실라가 찬송하고 기도할 때 기적이 일어난 것입니다.

존은 소리가 밖으로 흘러 나갈 정도로 크게 찬송해 본 적이 있나요?

기도 소리가 자신도 모르게 밖으로 흘러 나갈 정도로 크게 기도해 본 적이 있습니까?

바울과 실라는 모두가 잠든 깊은 밤에 감옥에서조차 그런 기도와 찬양을 드렸습니다. 여기서 우리는 역경 중 감사의 능력을 보게 됩니다. 그들은 최악의 상황을 최상의 환경으로 바꿨습니다. 예수님이 계시고 성령님이 계시고 복음이 있으면, 그리고 우리가 고난 중에도 감사하고 기도하면, 최악의 상황에서도 얼마든지 최상의 상황을 만들어 내는 것이지요.

설령 감옥에 갇혔더라도 천국으로 변화시킬 수 있습니다. 사실 어려운 상황을 만났을 때 예수님을 찾고 기도하고 감사하며 찬송하기가 그리 쉽지 않지요. 하지만 우리는 이해할 수 없는 어려움을 겪을 때, 손해를 볼 때, 억울한 일을 당할 때, 배신을 당할 때, 너무나 충격이 커서 제정신이 아니더라도 정신을 차리고 나서는 제일 먼저 기도하고 찬양해야 합니다."[7]

"찰스, 고마워요. 제 염려가 부서지고 믿음의 새싹이 움트는 소리가 들리는 듯한데요. 지금 고난의 터널을 지나고 있지만 감사하고 기도하면서 잘 이겨 낼래요."

존은 자신의 두 손을 꼭 맞잡으며 가슴에 모았다. 찰스에게 보내는 의지의 표현인 듯 보였다. 찰스가 시계를 보더니 말했다.

"이런, 시간이 많이 흘렀네요. 오늘 시작될 일정을 위해서 또 준비를 해야죠. 그리고 이건 제가 상담 사역 중에 사용하는 감사의 엽서랍니다. 누가 지었는지 알 수 없는 시지만 많은 사람들에게 감사의 의미를 생각하게 해 주는 좋은 글이 기록돼 있는 우편엽서예요. 존에게도 도움이 되길 바라면서 제가 선물하지요."

찰스는 존에게 엽서 한 장을 내밀었다.

존의 가슴을 감사의 시가 노크하기 시작했다.

주님!

때때로 병들게 하심을 감사합니다.

인간의 약함을 깨닫게 해 주시기 때문입니다.

가끔 고독의 수렁에 내던져 주심도 감사합니다.

그것은 주님과 가까워지는 기회입니다.

일이 계획대로 안되게 틀어 주심도 감사합니다.

그래서 나의 교만이 반성될 수 있습니다.

아들딸이 걱정거리가 되게 하시고

부모와 동기가 짐으로 느껴질 때도 있게 하심을 감사합니다.

그래서 인간된 보람을 깨닫기 때문입니다.

먹고 사는 데 힘겨웁게 하심을 감사합니다.

눈물로써 빵을 먹는 심정을 이해할 수 있기 때문입니다.

불의와 허위가 득세하는 시대에 태어난 것도 감사합니다.
하나님의 의가 분명히 드러나기 때문입니다.
땀과 고생의 잔을 맛보게 하심을 감사합니다.
그래서 주님의 사랑을 깨닫기 때문입니다.

주님!
감사할 수 있는 마음을 주심을 감사합니다.

우리에게는 가능성이 있습니다.
우리에게 있는 과거도, 현재도,
그리고 미래도 다 아름다운 것입니다.
우리에게 감사만 있다면 말입니다.[8]

작자 미상

기도의 원리 4

믿음의 기도

1. 염려, 걱정, 근심은 기도를 방해합니다
염려, 걱정, 근심의 씨앗은 불신입니다.
염려는 정신과 몸을 낡게 하고 기도를 방해합니다.

2. 믿음으로 염려를 물리치십시오
염려를 이길 힘은 하나님을 향한 믿음에서 옵니다.
믿음의 힘은 염려의 벽을 깨뜨리기에 충분합니다.

3. 예수님은 근심하지 말고 믿으라고 말씀하십니다

너희는 마음에 근심하지 말라.
하나님을 믿으니 또 나를 믿으라.

4. 믿음의 기도 '에브리띵Everything'
모든 일이 기도 제목입니다. 쉬지 말고 기도하십시오.
모든 일이 감사 제목입니다. 범사에 감사하십시오.

🌱 생각해 봅시다
어떤 염려와 근심이 나의 기도를 방해합니까?
나는 구체적인 기도의 제목을 가지고 기도합니까?
내 삶에서 일어나는 작은 일에도 감사하며 살아가고 있습니까?

제 구시 기도 시간에
베드로와 요한이 성전에 올라갈 새
(사도행전 3장 1절)

8
우리 삶이 기도가 되게 하라

오크빌리지에서 출발한 일행은 캐릭터 극장 '힐사이드 씨어터'에 도착했다. 야외극장에는 100여 명의 관람객들이 옹기종기 모여 앉아 공연을 기다리고 있었다. 아이들이 있는 가족 단위 방문객들이 많이 눈에 띄었다.

▶ **나사렛 예수의 이름으로 일어나 걸으라**

캐릭터 연극의 제목은 <일어나 걸으라>로, 사도행전의 기사를 소재로 한 가족 연극이었다. 스피커에서는 행진곡 스타일의 찬양곡이 경쾌하게 흘러나왔다. 좌우로 막이 펼쳐지면서 내레이션이 연극의 배경을 설명하기 시작했다.

"이곳은 예루살렘 성전 앞, 시간은 제 9시, 베드로와 요한은 낮 기도를 드리기 위해서 길을 오르고 있습니다."

두 명의 사도가 무대 왼편에서 등장했다. 베드로 캐릭터는 덥수룩한 수염을 강조하였으며, 요한의 모습은 지적인 느낌을 주었다. 그들 앞에서 걸인이 소리쳤다.

"한 푼만 줍쇼. 저는 보시다시피 태어나서 한 번도 걸어 보지 못한 사람이올시다. 제발 이 병든 사람을 불쌍히 여겨 적선해 줍쇼."

가던 길을 멈추고 베드로와 요한은 걸인 앞에 멈춰 섰다.

걸인을 쳐다보던 베드로가 말했다.

"이보시오. 당신에게 필요한 것은 동전 몇 닢이 아닌 것 같소."

베드로의 말을 들은 걸인은 화가 잔뜩 묻어나는 목소리로, "아니 나를 놀리는 겁니까? 일할 수 없는 나에게 돈이 필요하지 그럼 뭐가 필요하다는 말이오. 적선하지 않으려거든 썩 가시오!"라고 말했다.

"돈과 비교할 수 없는 선물을 주고 싶은데 받겠소, 받지 않겠소?"

"아니 그게 도대체 뭐요?"

"일단 대답부터 하시오."

"아, 좋은 거라면 뭐든 받아야지. 줘 보시오. 무슨 선물인데 그러쇼."

"그렇다면 일단 내 손을 잡으시오."

걸인은 베드로의 손을 꼭 잡았다. 걸인의 손을 잡아 이끌면서 베드로가 소리치기 시작했다.

"은과 금은 나에게 없지만 내게 있는 것으로 당신에게 주노니 나사렛 예수의 이름으로 일어나 걸으라!"

앉아 있던 자리에서 벌떡 일어난 걸인은 어리둥절해 하더니 제자리에서 이리저리 뛰기 시작했다.

"내가 걷는다. 하하! 내가 걸어! 이보시오들. 나를 보시오. 여호와의 종들이 와서 내 병든 다리를 고쳤소. 와하하하!"

성전 앞에서 걷지 못하는 걸인을 일으킨 베드로의 기사로 시작된 연극은 사도들의 능력과 초대 교회의 여러 이야기들을 재미있게 각색하여 진행됐다. 춤과 노래가 간간히 곁들여진 새미 뮤지컬 형태로, 현 시대에 맞는 퓨전 스타일의 캐릭터 연극은 관람객들의 큰 호응을 이끌어 내며 1시간 남짓한 공연을 마무리했다.

연극이 끝나자 배우들이 관객들과 어울려 포토 모델함께 사진을 찍어 주는 것이 되어 주고 있었다. 어린아이들에게 베드로의 인기는 하늘을 찌를 듯 해 보였다. 등 뒤에 매달리기도 하고 그의 손을 붙잡고서 일으켜 달라고 떼를 쓰는 아이들의 모습이 보였다. 데이빗 목사가 시계를 잠시 쳐다본 후 고개를 들었다.

▶ 브런치 토킹, 생활 속의 기도

"베드로의 인기가 최곤데요. 자, 우리는 극장 옆에 있는 카페테리아로 자리를 옮겨 브런치brunch를 함께하도록 합시다."

이것도 투어 일정 중 공식 프로그램이었다. 이른 아침 시간을 자유롭게 보내고 아침과 점심을 겸한 브런치 시간을 가지면서 기도에 대해 토론하는 이른바 '브런치 토킹brunch talking'. 주제는 '생활 속의 기도'였다.

모두들 카페테리아에 마련된 원목 테이블에 모여 앉았다. 테이블마다 화이트톤의 대형 파라솔이 설치되어 있어 운치도 더하면서 햇살을 막아 주고 있었다. 일행이 다 도착한 것을 확인한 데이빗 목사가 일어섰다.

"브런치 토킹은 호프가 진행을 하게 됩니다. 호프는 멋진 가수죠. 예수님을 만나기 전에는 유명한 컨트리 가수로 LA 지역 방송국에서 주로 활동했습니다. CM송도 많이 부르고 캘리포니아 곳곳의 축제와 행사에 그의 노래가 흥을 더했답니다. 호프 역시 사망의 음침한 골짜기를 지나면서 예수님을 만났죠.

혹시 시한부 삶에 대한 통보를 받아 보신 분이 계신가요? '당신은 앞으로 1년 밖에 살 수 없습니다'라고 누군가 이야기한다면 여러분은 어떤 반응을 보이실 것 같습니까?

호프는 5년 전, 앞으로 3개월 밖에 시간이 남아 있질 않다는 통보를 받았습니다. 하지만 오늘 이 자리에 서 있죠. 그는 죽음의 문턱에서 우리에게 돌아왔습니다. 이제는 전 미국뿐 아니라 세계를 순회하며 찬양과 간증으로 사역하는 평신도 사역의 일꾼이 되었죠.

멋쟁이 호프가 행복한 기도여행에 함께해 주어 나는 얼마나 기쁜지 모른답니다. 지난해에는 생활 속에서 실천하는 기도의 삶에 대한 책을 펴내기도 했지요. 참 다재다능한 우리의 친구입니다. 자, 이제 호프와의 대화에 여러분을 초대합니다."

여기저기 환호성이 터지고 박수 소리가 이어졌다. 호프는 행복한 미소를 지으며 모두에게 손을 들어 인사했다.

"칭찬은 고래도 춤추게 한다더니 사실이네요. 하하. 이야기를 어디서부터 풀어가 볼까요. 주제는 '생활 속의 기도' 입니다. 실제적으로 기도 생활에 필요한 것은 무엇인가에 대한 이야기죠. 누가 먼저 포문을 열어 주셨으면 합니다."

▶ **새벽을 깨워 기도하라**

짧은 침묵이 흐르고 홀리스가 입을 열었다.

"방금 우리가 관람한 연극의 첫 장면이 생활 속의 기도의 모델이라고 생각됩니다. '규칙적인 기도'는 기도 생활의 기본이라고 말할 수 있을 거예요. 베드로는 정해진 기도 시간에 성전을 향해 올라갔죠. 히브리 사람들은 아침, 점심, 저녁으로 하루에 세 번씩 기도 시간을 정해놓고 기도를 했습니다.

베드로와 요한이 올라간 '제 9시'는 오늘날에는 오후 3시에요. 즉 낮 기도를 드리기 위해 성전에 올라간 것이죠. 하루 중 시간을 정하고 하나님께 기도하는 것이야말로 무엇보다 중요한 일입니다.

이 같은 규칙적 기도를 통해 언제나 하나님과 동행하는 삶을 살아갈 수 있다고 봅니다. 저는 특히 새벽 시간을 사랑합니다. 하루의 첫 시간을 하나님 아버지께 드리는 일은 예수님께서 몸소 실천해 보이셨죠."

> 새벽 아직도 밝기 전에 예수께서 일어나 나가
> 한적한 곳으로 가사 거기서 기도하시더니(막 1:35).

홀리스의 이야기를 주의 깊게 듣던 호프는 고개를 끄덕거리며 데이빗 목사를 쳐다보았다.

"데이빗 목사님, 홀리스의 이야기를 들으니 저도 부끄러워지는데요. 사실 요즈음 나태해졌는지 새벽에 기도하지 못하고 있었거든요. 새벽 기도를 생활 속에서 실천하면서 우리가 얻게 되는 유익한 점에 대해 말씀해 주셨으면 합니다."

입가에 잔잔한 미소를 머금은 데이빗 목사가 차분히 이야기하기 시작했다.

"저 또한 새벽 기도의 사람입니다. 저는 새벽 기도를 통해 놀라운 축복을 받았습니다. 감당할 수 없는 은혜를 받았습니다. 제가 새벽을 깨우며 기도하는 이유는 하나님이 새벽에 도우신다고 약속하셨기 때문입니다.

'하나님이 그 성 중에 계시매 성이 흔들리지 아니할 것이라 새벽에 하나님이 도우시리로다' 시 46:5.

그럼 새벽에 하나님이 우릴 어떻게 도우실까요?

말씀을 통해서 우리를 도우십니다. 우리는 하나님의 말씀을 통해 지혜를 얻습니다. 깨달음을 얻습니다. 위로를 받습니다. 인도를 받습니다. 지시를 받습니다. 기도의 제목을 받게 됩니다. 새벽에 일어나 우리는 하나님의 말씀에 귀를 기울여야 합니다.

새벽에 말씀을 듣고, 그 말씀을 붙잡고 기도할 때 놀라운 은혜를 얻게 됩니다. 새벽에 우리가 하나님을 만날 때 하나님의 지혜를 얻게 됩니다. 하나님의 눈으로 모든 것을 보게 됩니다. 하나님의 눈으로 문제를 보게 되면 문제는 작아집니다. 문제의 해결책이 보입니다.

하나님의 눈으로 우리 자신을 바라보면 우리가 얼마나 존귀한 존재인가를 깨닫게 됩니다. 우리 안에 계신 하나님이 우리의 힘이 되어 주시고, 우리의 방패가 되어 주심을 알 때 우리는 자신감을 갖게 됩니다. 확신에 찬 삶을 살 수 있습니다. 제가 새벽을 깨우며 기도하는 이유는 하나님께 보배롭게 쓰임 받기를 갈망하기 때문입니다.

E. M. 바운즈Edward McKendree Bounds는 '이 세상에서 하나님을 위해 가장 많은 일을 한 사람들은 아침 일찍 무릎을 꿇은 사람들이다' 라고 말했습니다. 성경에 나타난 인물들, 역사 속에서 하나님께 쓰임 받은 인

물들에게서 발견할 수 있는 공통점은 새벽을 깨우며 기도했다는 것입니다.

새벽을 깨우는 사람들은 하나님을 최우선에 둔 사람들입니다. 새벽을 깨우는 사람들은 훈련된 사람들입니다. 새벽을 깨우는 사람들은 절제할 줄 아는 사람들입니다. 새벽을 깨우는 사람들은 성실한 사람들입니다. 새벽을 깨우는 사람들은 우선순위가 분명한 사람들입니다. 그런 까닭에 하나님은 새벽을 깨우며 기도하는 사람들을 요긴하게 사용하시는 것입니다."[9]

데이빗 목사가 말을 마치자 웨이트리스 2명이 브런치 세트를 가지고 왔다.

"주문하신 훈제연어 샌드위치 세트와 크루아상 샌드위치 세트입니다. 원두커피나 음료가 부족하시면 말씀해 주세요. 리필해 드리도록 하겠습니다. 맛있게 드세요"

커피향이 향긋하게 밀려왔다.

"고마워요, 소피아."

호프는 웨이트리스에게 감사를 표시한 후 브런치 토킹을 계속 이어 나갔다.

"브런치를 가볍게 드시면서 자연스럽게 대화를 진행할까요. 데이빗 목사님께서 새벽 기도의 중요성을 잘 새겨 주신 것 같습니다. 자, 이번에는 우리 멘티들의 리더인 브라이트의 이야기를 들어봤으면 하는데요. 브라이트, 생활 속에서 어떤 기도를 올려 드려야 할까요?"

▶ **화살 기도, 짧지만 강력한 능력의 기도**

브라이트는 원두커피를 한 모금 마신 후 잔을 내려놓으며 말했다.

"화살 기도가 필요하지요. 화살 기도는 매일 매 순간 하나님께 쏘아 올리는 기도를 말합니다. 하나님의 임재를 끊임없이 경험하는 기도 죠. 하루를 시작하는 첫 시간부터 마무리하는 끝 시간까지 학교나 일 터, 가정에서 분주히 움직이는 일상 속에서, 그리고 우리가 만나는 사 람들과 겪게 되는 일들 속에서 하나님의 도움과 능력을 구하는 짤막 하지만 강력한 기도가 바로 화살 기도입니다."

브라이트의 말을 듣던 존이 "화살 기도요? 그런 기도도 있었나요?" 라며 질문을 던졌다.

"화살 기도를 더 쉽게 표현하면 '단숨의 기도'라고 말할 수도 있어 요. 한 번의 호흡에 말할 수 있을 정도의 짧은 기도라면 이해가 빠르겠 지요.

성경에 한 세리가 가슴을 치며 '하나님이여 불쌍히 여기소서' 눅 18:13 라고 기도했죠. 우리도 화급한 순간에는 '주여'라고 외칠 수 있고 '하 나님 도와주세요, 고쳐 주세요, 지혜를 주세요, 용기를 주세요, 살려 주세요!'라고 기도할 수 있죠.

이때 중요한 것은 하나님의 언약이 들어 있는 이미지를 마음의 영상으로 떠올리며 기도하는 것입니다. 형식적인 것이 아니라 간절함이 배어나도록 성령을 의식하면서 화살 기도를 지속하세요. 이러한 기도는 어느 때, 어느 장소에서든 할 수 있지요."

"위급하고 화급한 순간에 드리는 간절한 짧은 기도가 화살 기도의 한 종류라면 메리와 저도 큰 은혜를 경험한 적이 있습니다."

존의 말에 모두들 그를 쳐다보았다. 호프는 존에게 그 일에 대해 이야기해 줄 것을 부탁했다.

▶ 존의 이야기

제 아들 브라이언이 여섯 살이었던 삼 년 전 여름밤이었습니다. 주일이었어요. 그날은 예배를 드리고 가족이 가까운 공원으로 피크닉을 다녀왔죠. 밤이 되자 저는 소파에 앉아 경제 TV에 집중하고 있었습니다. 아내는 집안 청소를 하느라 분주했고, 아이들은 욕실에서 목욕을 하는 중이었습니다.

여섯 살, 다섯 살 연년생인 브라이언과 에이린은 그만한 나이의 어린이들이 그렇듯, 욕실이 수영장인 것처럼 물을 그득하게 받아 두고서 크게 떠들며 놀았어요. 그때까지는 아무런 문제가 없었습니다.

그런데 청소를 하던 아내가 무슨 소리가 들리지 않느냐고 갑자기 저보고 묻는 거예요. 저는 TV에 열중하느라 아무 소리도 듣지 못했었죠. 아내는 욕실로 뛰어가더니 문을 열어 젖혔습니다. 저도 아내를 따라갔죠.

그때의 놀라운 광경이란……. 브라이언이 목에 뭔가가 걸린 듯 캑캑거리면서 숨을 헐떡거리는 거예요. 에이린은 아무 말도 못하고 오빠를 바라보고 있고……. 브라이언이 놀이용 플라스틱 구슬을 가지고 놀다가 그만 삼켜 버리고 만 것입니다.

브라이언의 얼굴이 벌써 파랗게 변하고 있는 듯 했어요. 토하려고 노력을 하지만 부질없는 몸부림이었죠. 아내는 브라이언을 안고 나오며 "병원! 병원!" 하는 비명에 가까운 외침을 내뱉었습니다. 저도 제정신이 아니었죠.

사실 너무 무서웠습니다. 그 순간 저는 털썩 무릎을 꿇었습니다. 그리고 외쳤어요. '아버지! 살려 주세요!' 살려 달라는 말밖에 나오질 않았습니다. 그때의 간절함이란…….

머릿속을 스쳐 가는 생각이 몇 가지 있었습니다. 병원에 가는 도중에 브라이언이 죽을 수 있다는 사실이 먼저 떠오르더군요. 어떻게든 그 순간에 처리를 해야 한다는 생각이 들었습니다.

그때 아내가 브라이언을 거꾸로 들면서 등을 두드렸습니다. 두 번째 드는 생각은 아이의 기도氣道는 신축성이 있을 것 같다는 것과 아내가 아이를 거꾸로 들쳐 매었으니 손가락을 살짝 넣어 기도를 옆으로 벌려 주면 구슬이 떨어질 것 같다는 생각이었습니다.

너무 찰나적으로 떠오른 생각에 저는 고민할 틈도 없었습니다. 오른손으로 아이 가슴을 받치며 왼손을 조심스럽게 아이 목에 집어넣었죠. 아, 지금도 그때 느꼈던 구슬의 감촉이 생생합니다. 손끝에 구슬의 느낌을 받자마자 브라이언의 기도를 벌리려 옆을 눌렀어요.

그 순간 제 손 안으로 플라스틱 구슬이 또르르 굴러 내렸습니다. 브라이언은 구슬이 목에서 빠져나오자 온몸을 부들부들 떨며 울기 시작했어요. 온 가족이 껴안고 울었죠. 마치 죽었던 아들이 다시 살아 온 기분이었어요. 하나님께 감사하다고 기도했습니다. 놀라운 것은 저는 왼손잡이가 아니라는 사실입니다. 그런데 그 순간에는 왼손을 능숙하게 사용했어요.

제가 하나님께 살려 달라는 외침, 즉 화살 기도를 드린 후 구슬이 빠져 나오기까지는 불과 십여 초 남짓한 시간이었습니다. 그동안 먼저 생각들이 떠오르고, 판단을 내렸고, 행동에 옮겨 아이가 살아난 것이죠. 지금 생각해 보니 그때가 화살 기도를 통한 하나님의 응답이 임했던 순간이었던 것 같습니다.

존은 그때의 감정을 다시 느끼는 듯 눈시울이 붉어져 있었다. 메리가 존의 손을 꼭 쥐어 주었다. 존의 화살 기도에 대한 이야기가 있은 후 멘티들은 각자의 삶에서 만난 화살 기도의 살아 있는 체험들을 나누기 시작했다.

고속도로 커브 길에서 미끄러져 가드레일을 들이받은 위험한 교통

사고의 순간을 모면한 일, 급류에 휘말려 자녀가 떠내려가던 중 강변까지 뻗어 있는 나뭇가지에 걸려 살아난 일, 불편했던 인간관계가 풀려 나간 경험, 우연히 만난 사람에게 복음을 전했는데 그가 자살을 계획하고 있었던 상태에서 마음을 돌이켰다는 이야기까지. 소소한 일에서부터 극적인 일들에까지 삶에서 나타나는 화살 기도의 능력은 대단한 것이었다.

어느 정도 시간이 흐르자 호프가 화제를 돌렸다.

"언제 어디서나 올려 드리는 화살 기도의 실천이 우리의 삶을 하나님의 능력으로 채우는 씨앗이 되는군요. 자, 이제는 조슈아의 기도 이야기를 들어보고 싶습니다. 조슈아는 산타바바라에서 도시 빈민이나 노숙인들을 위한 무료급식 사역을 하고 있죠.

재정 지원과 자원 봉사자 관리, 또 무료급식소를 찾는 노숙인들 관리까지 산적한 많은 일들과 기도거리가 있을 것입니다. 조슈아, 당신이 삶에서 체험한 소중한 기도의 경험을 우리에게 나눠 주세요."

조슈아는 50대 초반의 흑인 남성으로 인자하게 보이는 얼굴이 누구에게나 평안함을 주기에 충분해 보였다. 흰머리가 많았지만 그 모습이 어색해 보이지 않았다. 그는 헛기침을 몇 번 하면서 호흡을 가다듬더니 담담하게 이야기를 꺼냈다.

▶ 조슈아의 이야기

"기회를 주셔서 감사합니다. 저와 많은 자원 봉사자들이 사역하는 무료급식 센터 입구에는 장 니콜라 그로우Jean-Nicholas Grou의 말이 걸려 있죠. '하나님께서 보시는 가운데 행하는 모든 행동은 그것이 하나님의 뜻이요, 하나님께서 원하시는 방법으로 하는 것이므로 하나님의 뜻에 합한 기도이며, 그러할 때의 기도는 말로 할 수 있는 기도보다 훨씬 더 나은 기도이다.'

이 말은 우리가 다른 사람들을 위하여 힘껏 일하는 일상생활의 모든 활동이 기도가 될 수 있다는 의미로 '행동의 기도'라고 표현됩니다. 직업이나 일상적 활동에서도 기도의 의미를 발견할 수 있다는 것입니다.

더 나아가 의미를 찾는다면, 나보다 외롭고, 어렵고, 힘들고, 고생하는 사람들을 위해서 봉사하는 것이 행동의 기도의 모델이 될 수 있겠지요. 사도 야고보는 행함이 없는 죽은 믿음을 경계했습니다.

> 만일 형제나 자매가 헐벗고 일용할 양식이 없는데 너희 중에 누구든지 그에게 이르되 평안히 가라, 덥게 하라, 배부르게 하라 하며 그 몸에 쓸 것을 주지 아니하면 무슨 유익이 있으리요 이와 같이 행함이 없는 믿음은 그 자체가 죽은 것이라(야 2:15-17).

이웃에 봉사하면서 올려 드리는 '행동의 기도'를 하나님께서는 기뻐하신답니다. 무료급식 사역을 하면서 겪었던 일 하나를 소개하면 좋을듯합니다. 몇 년 전 여름이었습니다.

무료급식소에는 매일 수백 명의 슬럼가 노숙자들과 빈민들이 찾았죠. 슬럼가에 있는 우리 급식소의 환경은 열악했습니다. 제 몸에서는 음식 냄새와 노숙자들의 체취가 가득 풍겨 났죠. 가정의 재정 상태도 바닥이었습니다. 그러다가 아내의 인내심에 한계가 왔던 모양입니다. 제게 이혼을 하자고 통보를 하더군요.

저를 언제나 믿어 주었던 아내인데 마음이 너무 아팠습니다. 그런 와중에도 급식 사역은 멈출 수 없어 급식 센터를 찾았습니다. 발걸음이 무거웠죠.

그런데 그날 찾았던 급식 센터의 모습은 처참했습니다. 1층에 음식을 저장했던 창고는 누군가 문을 부수고 들어가 먹을거리를 훔쳐 갔더군요. 사무실로 올라가는 계단에는 토해 놓은 오물로 뒤범벅이 되어 있었습니다. 그 옆에는 술에 만취한 한 사람이 널브러져 있었고요.

3층 예배실의 모습을 보고 저는 분노했습니다. 서로 패싸움을 한 듯 보였습니다. 유리창이 다 깨어져 있고 강대상은 한쪽으로 넘어져 있었습니다. 한가운데 걸려 있던 십자가가 땅바닥에 내동댕이쳐진 채 부러져 있었습니다. 아마 누군가 십자가를 무기로 사용한 것일 테지요.

저는 하나님께 외쳤습니다. '주님, 저는 이제 이 사역을 하지 않겠습니다. 이게 뭡니까? 가정은 파탄이 나고, 돌보는 사람들은 예배당이 싸움터인 줄 압니다.' 그리고 무작정 사무실을 나왔지요. 제 주머니에는 땡전 한 푼 없었습니다.

터벅터벅 산타바바라 해변까지 걸어갔습니다. 인적이 뜸한 한쪽 모래사장에 털썩 주저앉아 무릎을 꿇었습니다. 그리고 목 놓아 꺼이꺼이 울기 시작했습니다.

제 신세가 참 처량하더군요. 울다가 기도하다 날을 지새웠습니다. 사흘을 보냈어요. 그런데 인간이란, 배고픔에는 장사가 없나 봐요. 어디선가 고기 굽는 냄새가 솔솔 풍기는데 배가 너무 고프고 음식이 먹고 싶어지는 겁니다.

냄새가 어디서 나나하고 봤더니 가족이 해변으로 피크닉을 와 음식을 조리하고 있더군요. 저는 염치불구하고 그들에게 다가가 먹을 것을 좀 줄 수 있냐고 청했습니다. 그때 제 몰골은 말이 아니었죠. 사흘을 해변에서 보내고 씻지 않아 시커먼 얼굴과 손, 누가 봐도 노숙자처럼 보였을 겁니다.

저를 한참 바라보던 나이 지긋한 할아버지께서 이렇게 말씀하시더군요. '나이도 젊은 사람이 이렇게 살아야 쓰겠는가. 여기서 구걸하지 말고 산타바바라 화이트 스트리트에 가봐. 거기 가면 조슈아라는 사회사업가가 자네 같은 사람들을 위해 무료로 음식을 제공한다고 하더구먼. 또 직업도 가질 수 있도록 교육도 알선해 주고 여러 가지 도움을 준다고 들었네. 어서 가 보게나.'

저는 너무나 충격을 받았습니다. 그리고 그 순간 갑자기 힘이 솟아났습니다. 하나님께서 제 사역을 얼마나 소중히 여기시는지 할아버지의 입을 통해 말씀하신 것이었습니다. 저는 그 길로 다시 사무실로 달려왔습니다. 그리고 이제껏 성실히 '행동의 기도'를 날마다 실천하고 있습니다.

현재 산타바바라 무료급식 센터는 주 정부의 지원을 받게 되어 무료급식 이외에도 무료 치료, 직업 교육, 일시 보호시설 운영 등 다양한 분야의 사역을 잘 감당하고 있습니다.

헐벗은 이웃을 섬기는 우리의 삶이 기도가 되면 주님께서 모든 문제의 해답을 주신다는 것을 알게 되었습니다."[10]

▶ 우리의 삶이 기도가 되게 하라

조슈아의 감동적인 이야기가 끝나자 호프는 모두에게 결단의 시간을 가질 것을 제안했다. 스스로의 삶에서 이웃을 위해 얼마나 헌신하고 있는지를 돌아보자고 했다.

존은 눈을 감고서 자신의 삶을 뒤돌아보았다. 언제나 자신과 가족에 대해서만 생각했지 헐벗은 이웃에게는 조금도 관심이 없었던 삶이었다. 부끄러웠다. 지극히 이기적인 삶에 초점이 맞춰져 있었다. 이제부터라도 가난한 이들과 도움의 손길이 필요한 이들을 보듬으며 살아가야겠다는 결단의 씨앗이 조금씩 싹터 올라왔다.

호프가 자리에서 일어나면서 말했다.

"감동의 보따리를 풀어 주신 데이빗 목사님, 홀리스, 브라이트, 조슈아 고맙습니다. 이제 브런치 토킹을 마무리하고자 합니다. 생활 속의 기도란 결국 우리의 삶이 기도가 되어야 한다는 것으로 이야기가 모아진 것 같습니다. 가정과 직장에서의 일상적인 생활에서 하나님을 찾지 못한다면 우리는 어디서든 하나님을 찾을 수 없으리라 생각됩니다.

오늘날 많은 사람들은 직업을 기도의 방해 요인으로 간주합니다. 그러나 일상적인 기도, 생활 속의 기도에 있어서 우리의 직업은 방해 요인이 아니라 오히려 큰 자산이 됩니다.

그것은 우리가 기도의 비결을 배우는 것이 바로 일을 할 때이기 때문이며, 우리의 일이 바로 기도가 되기 때문입니다. 행동으로 하는 기도는 이처럼 우리 각자의 일감 속에 가득합니다.

이제 여러분에게 노래 한 곡을 선물하며 브런치 토킹의 모든 시간을 접을까 합니다.

제목은 〈소방관의 기도〉로 자신의 직무 속에서 하나님의 은혜를 구하는 시에 제가 곡을 붙인 것입니다."

호프는 통기타를 매고 일어섰다. 은은한 통기타 선율 위로 호프의 감미로운 노래가 울려 퍼졌다.

제가 일의 부름을 받으면
그때가 언제든
불길이 얼마나 무섭든 간에
한 생명을 구해 낼 힘을 주소서
너무 늦기 전에
어린아이를 감싸 안게 하시고
두려움에 떠는 노인을 구하게 하소서

저를 예민하게 하시어
가냘픈 외침을 듣고
빠르고 효과적으로
불을 진압하게 하소서

저는 온 힘을 다해
제 몫을 감당하여
친구와 이웃을 보호하고
그들의 재산을 지키고자 합니다

그리고 제가 만일 당신의 뜻에 따라

생명을 잃게 된다면,

부디 크신 은총으로

제 아내와 아이들을 돌보아 주소서[11]

기도의 원리 5

삶의 기도

1. 새벽을 깨워 기도하십시오
새벽에 우리가 하나님을 만날 때 하나님의 지혜를 얻게 됩니다.
하나님은 새벽을 깨우며 기도하는 사람들을 사용하십니다.

2. 화살 기도, 짧지만 강력한 능력의 기도
매일 매순간 하나님께 쏘아올리는 단숨의 기도를 드리십시오.
하나님의 언약을 붙잡고 마음속에 영상을 그리며 기도하십시오.

3. 행동의 기도, 일상의 모든 일이 기도가 됩니다
행함이 없는 믿음은 그 자체가 죽은 것입니다.
하나님은 이웃에 봉사하며 드리는 행동의 기도를 기뻐하십니다.

4. 우리의 삶이 기도가 되게 하십시오
일상적인 생활에서 하나님을 찾으십시오.
우리는 일에서 기도를 배우고, 우리의 일이 바로 기도가 됩니다.

☀ 생각해 봅시다
나는 새벽을 깨우며 기도하고 있습니까?
나는 삶 속에서 순간순간 화살 기도를 올려 드리고 있습니까?
나는 이웃에 봉사하며 행동의 기도를 실천하고 있습니까?

당신은 가서 수산에 있는 유다인들을 다 모으고
나를 위하여 금식하되 밤낮 삼 일을 먹지도 말고
마시지도 마소서 나도 나의 시녀와 더불어
이렇게 금식한 후에 규례를 어기고 왕에게
나아가리니 죽으면 죽으리이다 하니라
　　　　　　　　(에스더 4장 16절)

9 목숨을 건 기도

존이 탄성을 지르며 말했다.

"와! 저 퍼레이드 카 좀 봐요. 크기가 대단한데요. 높이가 10미터도 넘을 것 같아 보여요. 맨 앞에 있는 큰 별이 회전해요. 어떤 인물을 표현한 거죠? 퍼레이드 카에 타고 있는 사람들은 왕궁에서나 입을 듯해 보이는 옷을 입고 있는데……."

오후 4시, 웅장한 퍼레이드 공연이 시작되고 있었다. 많은 관람객들은 센트럴로드 양 옆에서 퍼레이드 행렬을 보기 위해 모여들었다. 존은 공연 안내 리플릿을 펼쳤다.

퍼레이드 공연의 테마는 '변화'였다. 성경에 있는 인물 중 극적인 변화의 모델을 선별해 시각적으로 표현하고자 했다는 기획 컨셉이 소개되어 있었다.

마칭 밴드marching band가 공연단의 선두에 서서 화려한 거리 퍼포먼스의 막을 열었고, 대형 퍼레이드 카와 연기자들이 그 뒤를 따라 행진하고 있었다.

공연 행렬의 사이드에는 장대 인간과 귀여운 동물 캐릭터 탈을 쓴 연기자들이 도로의 관객들과 교류하며 즐거움을 더하고 있었다.

"퍼레이드 카 앞에 타이틀이 있는데 무슨 뜻이지. '에스테르Ester'가 뭘까?"

존은 리플렛으로 다시 눈길을 옮겼다. 상세한 안내가 있어 공연을 이해하는데 도움이 되었다.

▶ 퍼레이드 카, 에스테르

에스테르Ester는 페르시아 말로 '별'이라는 뜻이다. 영어의 '스타Star'가 여기서 파생되었다. 퍼레이드 카는 에스더Esther를 테마로 하고 있다.

에스더는 구약 성경에 등장하는 인물로, 바벨론에 포로로 잡혀와 페르시아 왕인 아하수에로의 왕후로 간택된 여성이다. 그러나 유대 민족이 왕의 미움을 사 몰살 당할 위험에 처하자, 죽음을 각오하고 자신이 유대인임을 공개하며 왕을 설득한 용기를 보여 준다.

> 고아 출신 포로 신분의 "에스더"가
> 왕비가 되어 유대 민족을 구하는 인생역전!!
> 성경 속 변화의 모델 에스더를 퍼레이드에서 만나 보세요.

차의 후미에서 이어진 퍼레이드 행렬도 다채로웠다. 목동에서 이스라엘의 성군이 된 다윗, 노예와 죄수의 수렁에서 애굽의 총리가 된 꿈의 사람 요셉의 퍼레이드가 뒤를 이었고, 고기 잡는 어부에서 능력의 사도로 변화한 예수님의 제자들의 모습도 볼 수 있었다.

대형 퍼레이드 카 5대와 중소형 10여 대, 최소한 300명 이상의 인원이 퍼레이드에 참여하고 있는 듯 했다. 존과 사람들은 그 규모에 압도되었다.

"정말 대단하다. 이렇게 즐거움을 선물해 주면서도 성경의 진리를 현대적인 문화로 잘 표현해 내다니. 선교의 도구로서도 손색이 없는 것 같아."

존은 주위를 살펴보다가 도로 뒤편에서 퍼레이드를 바라보고 있는 데이빗 목사 곁에 다가갔다.

"목사님, 역시 테마파크의 하이라이트는 거리 퍼레이드 같아요. 멋

진데요. 또 성경 속 믿음의 인물들을 표현한 퍼레이드라 그런지 감동도 남다릅니다. 특히 메인 퍼레이드 카인 '에스더'가 가장 인상적인데요. 퍼포먼스로 선보였던 에스더의 기도 장면이 저를 전율케 했어요."

데이빗 목사는 "에스더는 출신 성분은 초라하지만 인격과 마음의 그릇이 컸던 여인이지요"라고 말하며 잔디밭에 마련된 휴게 벤치로 존을 이끌었다.

휴게 벤치는 퍼레이드 코스의 도로보다 높아 관람하기에도 편한 위치에 있었다. 데이빗 목사가 말을 이었다.

▶ 인격의 사이즈가 인생의 사이즈가 된다

"에스더는 페르시아 제국의 황후가 된 후에도 모르드개의 은공을 결코 잊지 않았어요. 에스더는 결정적인 순간에 아하수에로 왕에게, '사실 자신은 천애의 고아 출신이며 왕궁 문지기 모르드개의 양녀'라고 스스럼없이 말합니다.

자신이 당할 수 있는 불이익을 복잡하게 생각하지 않고, 자기를 온정과 사랑으로 키워 준 사촌 오빠 모르드개를 최대한 높이 받들어 자랑하지요. 그랬더니 아하수에로 왕도 오히려 모르드개의 직위를 더욱 높이 승진시켜 주죠."

"사실 인간의 본성이란 자신의 신분이 높아지거나 성공을 하게 되면 은혜를 잊는 게 보통인데, 에스더는 은혜를 알았던 현명한 여인이네요."

"그렇습니다. 인격의 그릇이 크면 큰 만큼 하나님의 은혜도 크게 임하지요. 사울 왕의 경우는 가능성이 많았음에도 불구하고 자기 역량 이하의 인생을 살았습니다. 반면에 축복의 인물들을 보세요. 양보하고 용서하고 나보다 타인을 높이죠.

아브라함은 조카 롯에게 풍성해 보이는 땅을 양보합니다. 요셉은 자기를 노예로 판 형제들에게 관용을 베풀죠. 다윗은 자신의 목숨을 노리던 사울을 죽일 기회가 있었음에도 용서합니다. 그들을 하나님께서는 축복하셨습니다.

자기 역량보다 더 크게 쓰임 받는 큰 은혜를 누리기 위해서는 먼저 내 마음의 기초 인격부터 잘 가꿀 수 있어야 합니다. 결국 인격의 사이즈가 일과 인생의 사이즈가 된다고 말할 수 있겠죠."

데이빗 목사와 존은 성숙한 인격에 대한 서로의 생각을 계속 주고받았다.

"두 분만 비밀 이야기가 있으신 것은 아니죠? 너무 다정해 보여서 제가 질투가 나는데요. 호호."

메리였다. 메리는 비닐 팩에 담아 온 바닐라 아이스크림을 꺼냈다.

"파크스토어에서 아이스크림을 샀어요. 맛이 참 부드러운데 하나씩

드셔 보세요."

"고마워요. 메리."

"그런데 무슨 이야기를 하느라 그렇게 진지하셨어요?"

메리가 목사님을 향해 물었다.

"퍼레이드 주인공 이야기죠. 에스더 이야기."

메리는 휴게 벤치에 앉으며 다시 말문을 열었다.

▶ 죽으면 죽으리라, 에스더의 기도를 본받으라

"그 위급한 상황을 역전시켜 민족을 구원한 에스더의 힘은 역시 기도에 있겠죠, 목사님?"

"두말하면 뭣하겠습니까. 에스더뿐만 아니라 성경에 등장하는 거인들의 공통점은 기도에 생명을 걸었다는 것이죠. 필사적으로 기도했어요. 그리고 크게 기도했죠. 그래서 자기 역량보다 훨씬 더 크게 쓰임 받을 수 있었습니다.

에스더는 '죽으면 죽으리라'는 정신으로 기도에 매달렸습니다. 에스더가 페르시아의 정치 모리배 '하만'을 이긴 비결은 생사를 건 기도에 있었음을 성경은 이야기합니다.

에스더가 기도하고 왕 앞에 죽음을 무릅쓰고 나아갈 때 원수를 향한 역전의 날이 밝아 옵니다."

에스더가 왕 앞에 나아감으로 말미암아 왕이 조서를 내려 하만이 유다인을 해하려던 악한 꾀를 그의 머리에 돌려보내어 하만과 그의 여러 아들을 나무에 달게 하였으므로_(에 9:25).

"에스더가 생사를 걸고 기도하였을 때, 아하수에로 왕은 그녀에게 뜻밖의 금홀을 내밀어 주므로, 위기에 처했던 유대 민족을 살리는 큰 업적을 이룰 수 있었습니다. 오늘도 우리가 엎드려 기도하면 주님께서 은혜의 금홀을 내밀어 주시리라 믿습니다.

현대 크리스천들은 일을 많이 하려고 하지 말고, 먼저 기도를 많이 하려고 우선순위를 정해야 합니다. 모두 너무 바쁜 삶을 사느라 기도를 하지 못하죠.

어떤 이는 '사업business'을 효과 없는 무의미한 활동을 가리키는 '분주병busyness'으로 묘사하기도 합니다.

현실적이고도 적절한 표현이에요. 인생의 위기를 극복하기 위해 어떤 논문을 읽거나 전략을 세우기 전에 먼저 무릎을 꿇는 시간이 필요합니다. 많은 영성가들의 가르침에 귀 기울일 필요가 있지요."

기도한 다음에는 기도하는 일보다 더 큰일을 할 수 있다.

그러나 기도하기까지는 결코 기도하는 일보다

더 큰일을 할 수 없다.

_ 아도니람 저드슨 고든 A. J. Gordon

우리가 일할 때 우리는 일할 뿐이고,

우리가 기도할 때 하나님께서 역사하신다.

_ 빌 하이벨스 B. Hybels

10년을 염려하는 것보다,

10분간 기도하는 편이 훨씬 더 낫다.

_ 찰스 스펄전 C. H. Spurgeon

존은 언제나 일이 우선이었던 자신의 삶을 돌이켜 보았다. 일의 성과를 통해 능력을 검증 받으면 성공의 문이 열리리라 굳게 믿어 왔던 생각은 정답이 아니었다.

삶이란 단순한 더하기 빼기처럼 결과를 예상할 수 있는 것이 아니었다. 기도하지 않았던 삶은 많은 그림자를 드리웠다. 미래에 대한 염려와 걱정, 동료와의 끊임없는 경쟁과 다툼, 말초적인 쾌락에 탐닉하는 중독 증세, 무엇보다 방향타를 잃어버린 배처럼 항해의 목적지를 잃어버린 삶이 아니었던가.

'이제부터는 어떤 문제라도 기도해야 한다. 또다시 실패를 반복할 순 없어. 지금은 실패의 수렁에 빠져 있지만 기도하면 하나님께서 일하실 거야. 에스더처럼 기도할 수 있다면……'

하늘을 바라보며 생각에 잠긴 존을 향해 데이빗 목사가 말했다.

▶ 믿음의 꿈과 기대가 현실이 된다

"존, 그렇다면 '죽으면 죽으리라'는 일사각오 기도의 힘은 도대체 어디에서 나왔을까요?"

데이빗 목사의 물음에 존은 잠시 머뭇거렸다. 존은 응원군을 요청하듯 고개를 돌려 메리를 바라보았다. 메리가 존의 대답을 대신했다.

"희망을 바라보는 긍정적인 관점, 어려운 상황에도 당당히 맞서는 용기. 뭐 이런 품성이 아닐까요?"

"그래요. 메리가 한 말도 맞습니다. 조금 더 쉽게 표현해 보죠. 믿음입니다. 믿음의 꿈과 믿음의 기대죠. 다시 말하면 온 우주를 다스리는 하나님의 뜻 즉 복된 섭리에 대한 꿈과 기대를 말합니다.

모르드개는 포로 출신인데도 믿음의 꿈을 포기하지 않았습니다. 에스더서는 이스라엘이 바빌로니아에 포로로 끌려 간 지 103년 후의 이야기에요. 대부분의 사람들이 자포자기하고 체념한 채 노예살이를 하고 있던 시절이죠.

그런데도 모르드개는 믿음의 꿈과 비전을 가지고 에스더를 왕비 후보로 키워 냈습니다. 에스더 역시 고아 출신인데도 하나님께 믿음의 기대를 걸었습니다. 믿음의 아버지인 모르드개의 지시와 당부에 철저히 순종하죠. 자기 앞날을 잘 모르지만, 오직 믿음으로 포부를 키워 나갑니다.

그랬더니 꿈이 현실이 됩니다. 진짜 페르시아 제국의 왕후가 된 것입니다. 믿음의 기대가 하나님의 마음을 움직인 것이 아닐까요? 에스더는 행복하게도 자기 역량보다 더 크게 쓰임 받는 민족의 큰 별이 된 것입니다. 예수님도 겨자씨 비유를 통해 믿음의 분량이 곧 인생의 사이즈를 결정한다는 말씀을 우리에게 주셨죠."

이르시되 너희 믿음이 작은 까닭이니라
진실로 너희에게 이르노니

만일 너희에게 믿음이 겨자씨 한 알 만큼만 있어도
이 산을 명하여 여기서 저기로 옮겨지라 하면
옮겨질 것이요 또 너희가 못할 것이 없으리라(마 17:20).

▶ 위대한 꿈과 기대가 위대한 인생을 만든다

데이빗 목사는 한 믿음의 인물을 소개하기 시작했다.

"한 사람이 있었습니다. 그가 어릴 적 살던 동네는 어린이들도 마약을 쉽게 접하고 구할 수 있었던 우범 지대였죠. 그의 부모님은 자메이카에서 미국으로 이민을 왔습니다.

의류 제조 공장에서 아버지는 선적 담당자로, 어머니는 재봉사로 일했습니다. 열심히 일했지만 가난의 굴레를 벗어나진 못했죠. 하지만 그의 부모님은 현명했습니다. 부모님이 거는 그에 대한 기대가 크다는 것을 분명히 했죠. 또한 그가 무엇을 하든 하나님께서 지켜보고 계시며 복된 섭리를 이루실 것을 마음에 새기게 했어요.

열일곱 살 때, 그는 아르바이트로 시간당 90센트를 받고 음료수 제조 공장에서 일하게 됐습니다. 그는 음료수를 담는 기계에서 일하고 싶었지만 거기는 백인들만 일했죠. 그는 청소부로 고용되었고 감독관은 그에게 긴 자루가 달린 걸레 하나를 주었습니다.

그의 임무는 열심히 걸레질을 하며 음료수로 끈끈해진 바닥을 닦는 것이었죠. 어느 날 누군가 콜라 50상자를 시멘트 바닥에 떨어뜨려 갈색의 끈끈한 거품이 바닥 전체에 퍼졌습니다. 혼자 감당할 수 없을 것 같았지만 그래도 그는 계속해서 걸레질을 했습니다. 다음해 여름, 그는 음료수를 채우는 기계에 병을 놓는 일을 하게 되었고 그 다음해에는 부감독이 되었습니다.

그는 고등학교 성적이 'C'급에 속하는 학생이었습니다. 간신히 뉴욕 시립대학에 진학했죠. 하지만 믿음의 행보를 멈추진 않았습니다.

1958년 ROTC로 임관해 군인이 되었고, 월남전에 참전해 전쟁의 참상도 깨달았습니다. 고등학교도 졸업하지 못한 그의 부모님은 언제나 더 많이 배우기를 바란다며 아들을 격려했고, 그는 군 지휘 참모대학에 진학해 2등으로 졸업하며 꿈을 향해 전진했습니다.

1969년에는 조지워싱턴 대학교에 입학해 경영학 석사 학위도 취득했죠. 20년간 그는 여러 지휘관의 경력을 쌓고 국방부와 백악관에서도 근무했습니다.

1989년, 흑인으로서는 처음으로 미국 합동참모부 의장으로 임명됐습니다. 2001년에는 미국 최초의 흑인 국무장관이 되었습니다. 그가 바로 콜린 파월Colin Luther Powell 장군입니다.

그는 모교인 모리스 고교에서 어린 학생들에게 이렇게 당부합니다. '나는 여러분들이 하나님께서 항상 지켜보고 계신다는 사실을 깨닫게 되기를 원합니다. 올바른 선택을 하고, 꿈을 잃지 않기를 바랍니다. 꿈을 위해 여러분은 전심전력으로 공부하고 노력하고 싸워야 합니다.

그래서 어떤 것도 여러분을 막을 수 없도록 해야 하는 것입니다. 위대한 꿈을 꾸십시오. 위대한 기도를 드리세요. 여러분의 삶이 위대해질 것입니다.' 콜린 파월은 애송했던 크리소스톰John Chrysostom의 시를 후배들에게 낭송했습니다."[12]

> 기도의 위력은 불의 세력을 정복한 비
> 기도는 노여워하는 사자의 입에 재갈을 물리고
> 난세를 정복시켜 고요하게 하고
> 전쟁을 종결시키며
> 폭풍우를 달래고
> 마귀를 내쫓으며
> 사망의 결박을 풀고
> 질병을 완쾌시키고
> 태양을 멈추게 하고
> 우레의 진행을 막는다
> 기도는 만능의 갑옷이요
> 값이 떨어지지 않는 보화이며
> 마르지 않는 광산이며
> 어떤 구름으로도 흐려지지 않는 파란 창공이요
> 폭풍우로도 구겨지지 않는 하늘이다

기도는 뿌리요 지반이요
한량없는 축복의 어머니다

존은 이야기를 전하는 데이빗 목사에게서 말로 표현하기 어려운 힘들을 느꼈다. 그는 탁월한 멘토였다. 그와 대화하다 보면 어느새 식어버린 가슴 속에 희망의 불씨가 되살아났다. 하나님 안에서 불가능이 없다는 절대 긍정의 믿음이 새록새록 솟아 올라왔다. 존이 말했다.

"콜린 파월 장군처럼 매사에 희망을 바라보는 훈련을 해야겠어요. 하나님 안에서 새로운 꿈을 발견해야겠다는 생각이 들어요. 이 여행이 끝나면 죽으면 죽으리라는 각오로 하나님께 기도해 보고 싶습니다. 어쩌면 지금의 이 위기가 제 삶에 더 좋은 선물을 주시려는 하나님의 섭리 안에 있는 사건일 수도 있다는 생각이 드네요."

데이빗 목사는 존에게 다가가 어깨를 가볍게 안고 두세 번 토닥여 주었다. 말하지 않아도 느껴지는 따스한 마음이 존에게 전해졌다.

▶ **찰스의 음악 선물**

그때, 어디선가 라디오 방송 시그널 멘트가 들려왔다. 그레이스파크에서 시간을 정해 운영하는 라디오 정규방송 오후 프로그램이 시작되고 있었다.

"안녕하세요. 그레이스파크를 찾아 주신 여러분과 함께하는 비전

라디오 오후 정규방송 '찬양의 날개', 저는 찬양 나눔이 실비아입니다. 여러분이 파크 내에 연결된 인트라넷을 통해 신청해 주신 사연으로 함께합니다.

첫 사연입니다— 실비아, 반갑습니다. 그레이스파크에서 은혜를 나누며 행복한 기도여행을 하고 있는 찰스라고 합니다. 제자들을 이끄시느라 수고하시는 데이빗 목사님께 감사하다는 인사를 올리고 싶네요. 또 여행에 함께한 멘토 코스 15기 동료들도 몸 건강히 일정을 마칠 수 있기를 기도합니다.

특히 이번 여행을 통해 새롭게 만나게 된 친구, 존에게 파이팅하라고 용기를 전해 주고 싶네요. 존! 오늘 아침 나눈 이야기 잊지 말아요. '에브리땡Everything!' 모든 일에 기도, 모든 일에 감사. 찬송가 중에 신청합니다. <너 근심 걱정 말아라> .

네, 신청곡은 저도 참 좋아하는 찬송인데요. 이 곡은 백화점 왕 페니의 사연으로 더 유명하죠. 그는 목사의 아들로 태이니 사업에 투신했으나 세계를 덮친 경제 대공황으로 자살까지 결심하게 됩니다. 결국 미시간 주 베틀크릭에 있는 격리 병원에 수용되기에 이르렀죠.

어느 날 아침, 낙망하고 좌절한 그에게 찬송 소리가 들려왔습니다. 그가 무거운 몸을 이끌고 맥없이 그곳을 찾아갔더니, 건물 특별실에서 기도회가 열리고 있었습니다. 그는 뒷자리에 앉아 있었는데 매우 친숙한 찬송 소리가 그의 마음을 녹아내리게 하는 것이었습니다.

'너 근심 걱정 말아라. 주 너를 지키리.' 이 찬송은 그의 마음에 큰 확신을 갖게 했습니다. 그는 외치기 시작했습니다. '사랑하는 하나님, 나는 아무것도 할 수 없습니다. 나를 좀 돌봐 주십시오.'

그 후 그는 '나는 무한한 어두운 공간에서 찬란한 태양 빛으로 옮겨지는 느낌이었고 마음속의 무거운 짐이 옮겨져서 그 방을 나올 때는 새로운 사람이 되었습니다. 나는 마비된 심령으로 풀이 죽어 들어갔으나 해방되어 기쁜 마음으로 나왔습니다' 라고 고백했습니다. 이 날 이후 페니는 건강에서 회복되었고, 무려 1,660개의 백화점을 남기는 세계적 경영인이 되었답니다. 데이빗 목사님과 멘토 코스 동료 여러분 그리고 존에게 찰스가 선물합니다. <너 근심 걱정 말아라> ."

찬양의 선율이 존의 가슴에 잔잔히 내려앉기 시작했다.

너 근심 걱정 말아라 주 너를 지키리

주 날개 밑에 거하라 주 너를 지키리

주 너를 지키리 아무 때나 어디서나

주 너를 지키리 늘 지켜 주시리

어려워 낙심될 때에 주 너를 지키리

위험한 일을 당할 때 주 너를 지키리

주 너를 지키리 아무 때나 어디서나

주 너를 지키리 늘 지켜 주시리

어려운 시험 당해도 주 너를 지키리

구주의 품에 거하라 주 너를 지키리

주 너를 지키리 아무 때나 어디서나

주 너를 지키리 늘 지켜 주시리

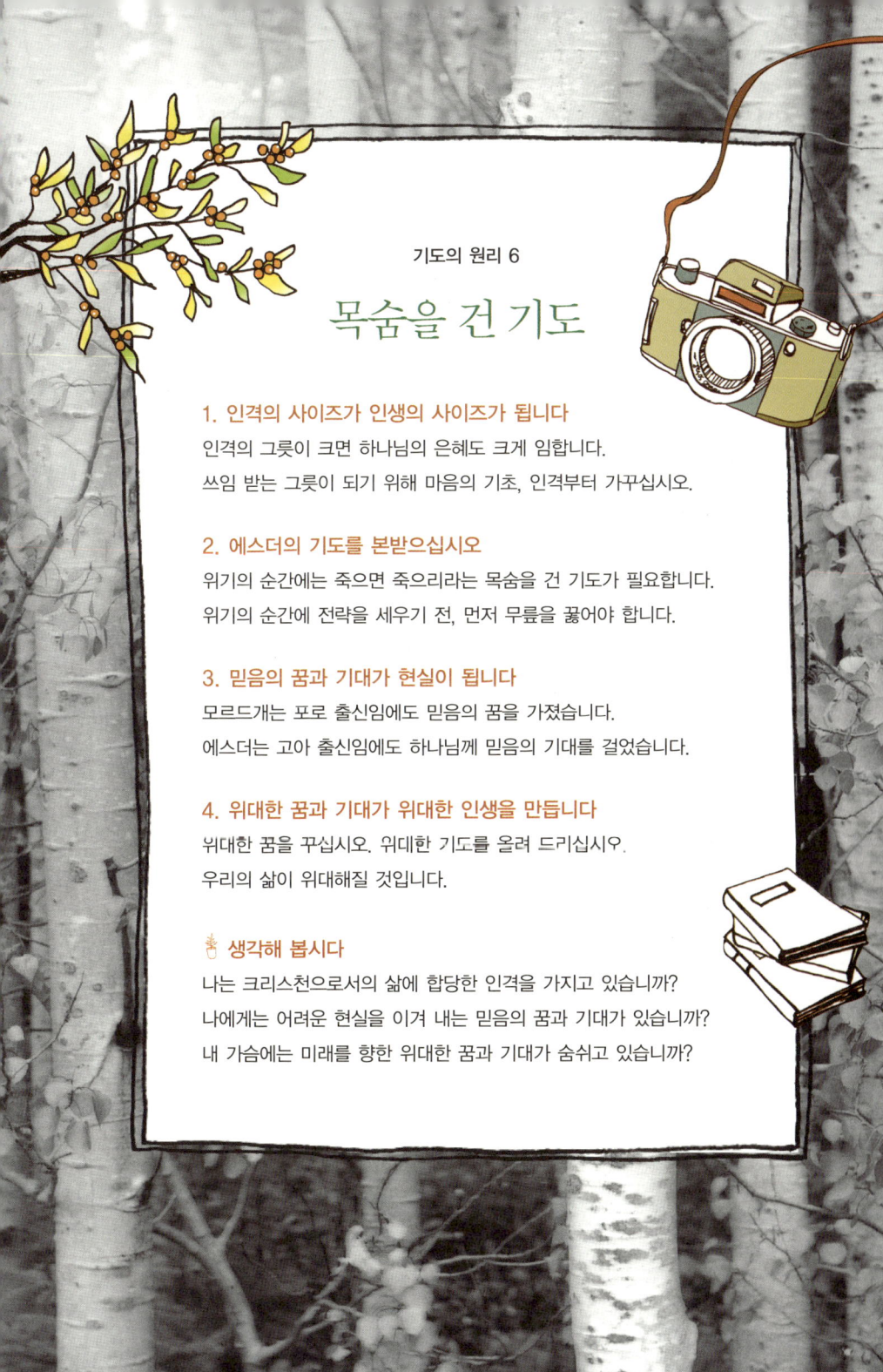

기도의 원리 6

목숨을 건 기도

1. 인격의 사이즈가 인생의 사이즈가 됩니다
인격의 그릇이 크면 하나님의 은혜도 크게 임합니다.
쓰임 받는 그릇이 되기 위해 마음의 기초, 인격부터 가꾸십시오.

2. 에스더의 기도를 본받으십시오
위기의 순간에는 죽으면 죽으리라는 목숨을 건 기도가 필요합니다.
위기의 순간에 전략을 세우기 전, 먼저 무릎을 꿇어야 합니다.

3. 믿음의 꿈과 기대가 현실이 됩니다
모르드개는 포로 출신임에도 믿음의 꿈을 가졌습니다.
에스더는 고아 출신임에도 하나님께 믿음의 기대를 걸었습니다.

4. 위대한 꿈과 기대가 위대한 인생을 만듭니다
위대한 꿈을 꾸십시오. 위대한 기도를 올려 드리십시오.
우리의 삶이 위대해질 것입니다.

🕯 생각해 봅시다
나는 크리스천으로서의 삶에 합당한 인격을 가지고 있습니까?
나에게는 어려운 현실을 이겨 내는 믿음의 꿈과 기대가 있습니까?
내 가슴에는 미래를 향한 위대한 꿈과 기대가 숨쉬고 있습니까?

한 사람이면 패하겠거니와
두 사람이면 맞설 수 있나니
세 겹 줄은 쉽게 끊어지지 아니하느니라
(전도서 4장 12절)

10
기도의 삼겹줄을 만들라

해피스퀘어는 30명 내외의 소규모 인원이 야외 프로그램을 진행할 수 있도록 꾸며진 원형 행사장이었다. 밤하늘에 별이 유난히 빛났다. 데이빗 목사와 멘티들은 기도여행의 마지막 밤을 캠프파이어 불꽃과 함께했다.

캠프파이어를 진행하는 피터는 문화 사역 전문가다운 재능을 한껏 발휘했다. 그는 대상의 웃음 포인트를 정확히 읽을 줄 알았다. 스킨십skinship게임으로 어색한 분위기를 풀더니 다양한 스테이지 게임과 팀워크 프로그램 속에서 즐거움을 만들어 냈다. 하늘을 향해 축포가 터져 오를 때는 모두가 아이들처럼 환호성을 지르며 박수를 쳐 댔다.

축포의 마지막 불꽃이 어둠 속에 묻히고, 행사장을 밝히던 모닥불도 거의 사그라질 즈음 피터가 조용히 말했다.

"우리를 뜨겁게 했던 캠프의 불꽃이 사그라져 갑니다. 이제 자리에 앉아 주시길 바랍니다. 잠시 후 촛불 의식을 진행하도록 하겠습니다."

일렉트릭 피아노 선율이 모닥불의 마지막 불꽃 주위를 타고 흐르기 시작했다. 잔잔한 찬양의 선율은 금세 차분한 분위기를 만들어 냈다. 준비 상태를 확인한 피터는 행사 스텝 제퍼슨에게 해피스퀘어의 모든 전등을 소등하라고 지시했다. 주위는 바로 옆 사람의 윤곽 정도만 분간이 될 만큼 칠흑처럼 어두워졌다.

"이 시간 우리는 세상을 향한 촛불이 되기 위해 다짐의 시간을 가지려 합니다. 먼저 촛불 의식의 주제에 대한 영상을 감상하겠습니다. 우측의 LED 스크린을 주목해 주시기 바랍니다."

무대 우측의 200인치 LED 스크린 중앙에서 한줄기 작은 빛이 팽창하기 시작했다. 영상은 다채로운 화면으로 따스한 손길을 담아내고 있었다.

폭풍우에 쓰러진 벼를 일으켜 세우는 농부의 손길, 낙담에 빠져 울부짖는 청년을 안아 주는 손길, 넘어진 아이를 일으켜 세우는 손길, 아내의 눈물을 닦아 주는 남편의 손길, 가난한 이의 집을 수리하는 봉사의 손길, 소망을 가득 담은 기도의 손길 속에 '당신 곁에 누가 있는가?' 라는 테마 문구가 스크린 위에 펼쳐졌다.

▶ 당신 곁에 누가 있는가?

인생에서 성공한 사람들을 살펴보면, 그들 곁에는 항상 누군가가 있습니다. 그 사람 곁에서 인격과 신앙으로, 지혜와 지식으로, 믿음과 사랑으로 가르쳐 주고 조언해 주고, 격려해 주고, 위로해 주고, 붙들어 주고, 물질적으로 도움 주기를 마다하지 않은 사랑의 손길이 있습니다.

그 사랑의 손길이 부모일 수도 있고, 형제자매이거나, 스승이거나, 친구이거나, 이웃일 수 있습니다. 성공한 사람들 곁에는 항상 사랑의 손길들이 있습니다. 새벽에 깨어서 기도해 주는 사람이 늘 있는 것입니다.

반면, 인생에서 실패한 사람들을 유심히 살펴보면 그들 곁에는 아무도 없습니다. 조언해 주고 충고해 주는 이가 없습니다. 다른 사람의 인생을 성공으로 이끌어 주고 바르게 세워 주는 사람들, 신앙적으로 인격적으로 관계적으로 물질적으로 도움을 주는 사람들, 이러한 사람들을 가리켜서 멘토Mentor라고 부릅니다.

'멘토' 라는 단어가 타이핑처럼 한 글자 한 글자 화면 위로 날아와 자리를 채웠고, 이내 확대와 축소를 반복하더니 횃불처럼 타올랐다. 단어는 디졸브dissolve 효과로 사라지면서 고대의 치열한 전투 장면이 이어졌다. 영상은 멘토의 유래를 설명하기 시작했다.

▶ 멘토, 성공적인 삶으로 이끄는 자

'멘토'라는 말은 『오디세이아』에 나오는 노인의 이름입니다. 고대 그리스의 이타카 왕국의 오디세우스라는 왕이 트로이 전쟁에 출정할 때, 사랑하는 아들을 믿을 만한 친구에게 맡기고 떠났는데 그 친구의 이름이 '멘토'였습니다.

오디세우스가 전쟁에서 돌아오기까지 무려 10년이라는 기간 동안 멘토는 친구의 아들을 때로는 아버지처럼, 친구처럼, 스승처럼 가르쳐주면서 삶의 안내자가 되고, 상담자가 되고, 후원자가 되어 주어서 결국 훌륭한 왕자로 키워 냅니다.

그 이후 '멘토'라는 그의 이름이 현대인들에게 새롭게 부각되어 '신앙과 인격으로, 믿음과 사랑으로, 지혜와 지식으로, 한 인간의 인생을 이끌어 가는 조언자, 도움을 주는 조력자, 영향을 주는 자'라는 의미로 사용되고 있습니다.

누가 참으로 행복한 사람입니까? 자기 곁에 좋은 멘토들을 두고 있는 사람입니다. 성공적인 삶을 원하십니까? 좋은 멘토를 찾으시길 바랍니다. 가정에서, 교회에서, 학교에서, 직장에서, 사회에서 어디서건 좋은 멘토를 만나야 합니다. 또한 거기에서 한 걸음 더 나아가, 나도 누군가의 인생에 좋은 영향을 끼치는 멘토가 될 때, 멋지고 성공적인 삶을 살게 되는 것입니다.

'그대여! 멘토가 되십시오!'

'그대여! 멘토가 되십시오!' 라는 말은 강한 여운을 남겼다. 자기중심적인 삶에서 벗어나, 도움이 필요한 누군가를 일으켜 세우는 타인 중심적인 헌신의 삶, 목적이 분명한 의미 있는 삶을 선택하라는 메시지는 존의 가슴을 서서히 뛰게 만들었다.

피터는 촛불 전달식 순서를 이어 나갔다.

"이제 불빛을 모두와 나누도록 하겠습니다. 브라이트는 데이빗 목사님의 촛불에서 불빛을 전달 받으시길 바랍니다. 그리고 동료들에게 그 불빛을 전해 주시길 바랍니다."

브라이트는 맨 우측의 죠이에게 불빛을 전달했고 그 불빛은 하나하나 새로운 생명이 되어 모두에게 퍼져 나갔다.

"여러분, 잠시 주위를 둘러보시기 바랍니다. 칠흑 같았던 어둠이 물러가고 우리 주위가 촛불의 빛으로 환해졌습니다. 이제 데이빗 목사님께서 '멘토, 기도의 삼겹줄을 만들라' 라는 주제로 말씀을 전해 주시겠습니다."

▶ 형제와 기도로 연합하라

"여러분, 저와 여러분은 짧지만 의미 있는 여행을 함께했습니다. 그레이스파크에서의 추억이 여러분의 삶에 기도의 힘을 더하는 생수가 되길 바랍니다.

우리는 촛불 의식의 첫 시간, 멘토에 대한 영상을 마주했습니다. 여기에 있는 여러분은 삶의 각 분야에서 영향력을 미치는 멘토가 되기를 소망하는 사람들입니다. 기도로 살고자 하는 거룩한 소명을 가슴에 품고 있는 사람들입니다. 축복의 사람이 되고자 하는 꿈이 여러분에게 있습니다. 제 생각에 동의하십니까?"

존의 머릿속에 지난 며칠간의 추억이 급류처럼 밀려들었다. 꿈, 탄식, 절망, 새로운 만남과 영적인 깊은 대화, 은혜와 깨달음들. 멘토로 살아가고 싶다는 새로운 희망을 생각하자 또다시 가슴이 뛰었다.

'네, 목사님. 동의합니다. 동의하고말고요. 이 여행이 끝나고 나면 새로운 도전을 할 거예요.'

침묵이 흘렀다. 모두에게 생각할 시간을 충분히 주었다고 느낀 데이빗 목사는 다시 말씀을 이어 갔다.

"진정한 축복은 소유와 여건에서 오는 것이 아니라, 내 주변과의 관계에서 오는 것입니다. 내 주변 사람들과의 인간관계에서부터 사랑의 교제가 폭이 넓어지고, 그 사랑의 깊이가 더해지면서 최선의 인생이 되고, 아름다운 인생이 되고, 복 있는 인생이 되는 것입니다.

우리들의 사랑은 어떤 수준에 있습니까? 우리는 아직도 내가 좋아하는 사람만, 또 나를 좋아하고 사랑하는 사람만 사랑하는 수준에 머물러 있지는 않습니까? 예수님은 우리들의 사랑의 질과 수준을 높이기 위해 이렇게 말씀하셨습니다.

> 새 계명을 너희에게 주노니 서로 사랑하라
> 내가 너희를 사랑한 것 같이 너희도 서로 사랑하라
>
> (요 13:34).

그리고 '선한 사마리아 사람의 비유'를 통해서 구체적인 사랑의 실천을 가르쳐 주셨습니다. 선한 사마리아 사람과 같은 사랑의 질과 수준으로 하나님께서 기뻐하시는 사랑을 온전히 이룰 수 있어야, 그것이 인생의 아름다움이며 축복이라고 말씀하셨습니다.

하나님은 '우리들이 세상에서 무엇을 얼마나 많이 가졌느냐?'에 관심이 없으십니다. 왜냐하면 세상의 모든 것이 하나님 것이며 하나님께서 주관하시기 때문입니다. 대신 하나님의 관심은, 우리가 얼마나 나누며 살아가느냐에 있습니다. 이런 아름다운 삶의 기초가 되는 힘이 있습니다.

그것은 예수 그리스도 안에서 만난 형제들과의 기도의 연합입니다. 서로를 위해 중보할 때 사역의 지경이 넓어집니다. 사랑의 마음이 가득해집니다. 탐욕이 사라지고 모든 것을 양보하고 나눌 수 있는 자비가 움트기 시작합니다.

나만을 바라보는 인생관이 변하고 이웃의 필요가 드디어 눈에 들어오게 됩니다. 성령께서 역사하시고 이끄시는 인생으로 변모하는 것입니다. 성경은 서로를 위해 기도하라고 권면합니다."

> 너희 죄를 서로 고백하며
> 병이 낫기를 위하여 서로 기도하라
> 의인의 간구는 역사하는 힘이 큼이니라(약 5:16).

▶ 예수님의 매력, 연합하고 함께하는 공존의 삶

"사람에게는 외적인 화려함이나 멋 못지않게 인격에서 풍겨 나오는 매력이 있어야 합니다. 크리스천의 매력은 믿음이 없는 사람들의 매력과 달라야 합니다. 인류 역사상 가장 멋있고 매력적인 분은 바로 예수님이십니다. 주님께는 외적인 아름다움이나 화려함이 없었습니다.

주님은 '나사렛'이라는 당시 천민이 살던 지역에서 사셨습니다. 육신의 부모 또한 귀족이나 부유층이 아닌 가난한 목수였습니다. 갈릴리 어부들과 뜻을 같이할 정도로 평범한 분이셨습니다."

> 고운 모양도 없고 풍채도 없은즉
> 우리가 보기에 흠모할 만한 아름다운 것이 없도다(사 53:2).

"주님의 매력은 무엇이었습니까? '막힌 담 없이 연합하고 스스럼 없이 한데 어울려 사는 분'이셨다는 것입니다. 주님의 매력은 연합하고 함께하는 공존의 삶이었습니다. 주님은 모든 이들의 친구이셨습니다.

주님은 '회칠한 무덤 같은 자'라는 표현과 같은 무서운 독설로 기성 지도자들을 질타하시면서도, 그들과 담을 쌓지 않고 오히려 그들을 불쌍히 여기시며 그들에게 목숨을 내놓을 만큼 진실한 대화를 하셨습니다.

뿐만 아니라 주님은 당시 특권층 사람들이 상상조차 할 수 없던 낮고 천한 사람들, 가난하고 병든 자, 동족으로부터 손가락질을 당하던 세리들, 인간들과 함께 살면서도 인간 취급을 받지 못했던 창기들, 경멸과 천시로 정신병자가 된 불쌍한 여인들, 형제자매 심지어 부모로부터까지 버림을 받고 천벌을 받은 죄인으로 취급을 받던 문둥병 환자들, 이 비천한 사람들과도 친구가 되시고, 격의 없이 마음을 주고받으니 감싸고 사랑하셨습니다."

> 이제부터는 너희를 종이라 하지 아니하리니
> 종은 주인이 하는 것을 알지 못함이라
> 너희를 친구라 하였노니
> 내가 내 아버지께 들은 것을 다 너희에게
> 알게 하였음이라(요 15:15).

▶ 기도의 삼겹줄을 만들라

"주님께서는 그들을 위해 기도하셨습니다. 기도를 가르치셨습니다. 아픔을 치유하셨고 악한 영의 올무에서 친구들을 구해 내셨습니다. 주님은 그들의 멘토이셨습니다.

결국 그들은 변화하기 시작합니다. 미움을 받던 세리 삭개오가 자신의 재물을 내어 놓습니다. 고기 잡던 베드로가 사람을 낚는 어부가 됩니다. 스데반은 돌에 맞아 죽어 가면서도 살인자들을 용서합니다. 교회를 핍박하던 사울이 바울이 되어 세계 선교의 씨앗이 됩니다.

그 열매가 퍼지고 퍼져 여기에 있는 여러분과 제가 촛불 앞에 서 있는 것입니다. 주님이 연합하신 것처럼 우리도 연합해야 합니다. 기도로 서로를 도와야 합니다. 홀로 서려고 해서는 안 됩니다. 기도를 하고 기도를 받아야 합니다. 기도로 상생하는 것입니다. 기도의 삼겹줄은 인생의 문제나 난관 앞에서 쉽게 끊어지지 않습니다."

> 한 사람이면 패하겠거니와 두 사람이면 맞설 수 있나니
> 세 겹 줄은 쉽게 끊어지지 아니하느니라(전 4:12).

데이빗 목사는 멘티들을 3명씩 모둠이 되도록 요청한 후 서로의 기도 제목을 나누게 했다. 추상적인 내용보다 구체적인 기도 제목을 놓고 간절히 기도하도록 했다.

시간이 얼마 지나지 않아 부르짖는 통성 기도, 간절한 방언 기도, 통곡하며 외치는 간구가 한밤의 정적을 갈랐다. 또다시 5명이 모둠이 되고 일행 전체가 연합하며 교계를 위해, 사회적 이슈가 되고 있는 미국의 현안 문제를 위해, 세계 열방의 선교와 평화를 위해 기도했다.

온 힘을 다하여 기도하는 존의 얼굴과 몸에서 땀이 비 오듯 흘러내렸다. 연합하며 기도할 때 존은 차오르는 행복을 느낄 수 있었다. 그의 개인적인 문젯거리는 더 이상 문제로 다가오지 않았다. 통성 기도를 마치고 침묵 기도의 시간도 이어졌다.

데이빗 목사는 선지자 이사야가 경험했던 세미한 하나님의 음성을 영혼 깊은 곳에서 느껴보라고 주문했다. 존은 아무 소리도 들리지 않는 침묵 속에서 마음의 문을 두드리는 예수님의 말씀을 붙잡았다.

> 너희는 마음에 근심하지 말라
> 하나님을 믿으니 또 나를 믿으라(요 14:1).

기도하는 멘티들을 감격스럽게 바라보던 데이빗 목사가 말했다.
"여러분의 모습 속에서 미래에 우뚝 세워질 기도하는 멘토를 만났습니다. 넘어진 자의 무릎을 일으키며, 신음하는 이의 아픈 가슴을 위로하는 멘토를 만났습니다. 꿈을 언제나 각인하시기 바랍니다. 하나님께 소원을 두고 아뢰십시오. 먼저 하나님 나라의 의를 구하시기 바랍니다."

> 너희는 먼저 그의 나라와 그의 의를 구하라
> 그리하면 이 모든 것을 너희에게 더하시리라(마 6:33).

▶ 멘토링, 사람의 가치에 대한 믿음

"멘토가 멘티를 교육하고 양육하는 것을 멘토링이라고 합니다. 멘토링은 다른 사람의 성장, 발전, 성공을 위해 자발적인 투자를 하는 것입니다. 그것은 다른 사람의 가치에 대한 믿음에 뿌리를 둡니다.

멘토링의 목적은 멘토가 유익을 얻는 여부와 상관없이 멘티에게 얻는 것이 있게 하는 것입니다. 그래서 멘토링에는 때로 희생과 헌신이 필요한 것입니다. 멘토는 자기를 따르는 자를 돌보고 지혜롭게 지도해야 합니다.

그의 모델이 되고 코치를 하며 궁극적으로 책임을 넘겨주면서 자신보다 멘티가 더 능력을 가질 수 있게 만드는 것입니다. 멘티가 잘못되었을 때에는 정면으로 맞서 그것을 고쳐 주어야 하며 성장을 위해 중요한 사람들과도 연결시켜 발전을 위한 토대도 마련해 주어야 합니다.

성경에는 이런 멘토링의 관계가 많이 있습니다. 살펴볼까요?

이드로는 일에 눌려 있는 사위인 모세에게 다가가서 그를 도와 이스라엘 백성들 위에 중간 간부급 지도자를 조직하게 했습니다. 모세는 여호수아를 도왔습니다.

이스라엘 백성들이 가나안으로 들어갈 준비가 될 때를 대비하여 이스라엘을 이끌 지도자로 준비시켰습니다.

바나바는 한때 핍박자였던 회심자 사울을 대변했고, 교회 지도자들에게 그를 소개하고 그의 회심의 진실을 보증했습니다. 바울은 바나바의 인도를 받아서 복음 확산의 훌륭한 지도자로 변모했습니다.

멘토링의 참다운 모델은 역시 예수님과 제자들입니다. 주님은 제자들을 선택하시고 3년 반 동안 그들을 양육하셨습니다. 기도하는 법과 천국의 복음을 가르치셨습니다. 가난하고 힘없는 이들을 어떻게 섬겨야 하는지 모범을 보이셨으며, 제자들의 발을 씻겨 주며 참된 스승의 표상이 되었습니다.

십자가를 지심으로 희생의 멘토가 되셨으며, 죽음에서 다시 부활하심으로 소망의 멘토가 되셨습니다.

이런 일들은 오늘날 우리와는 전혀 상관없는 이야기인가요? 아닙니다. 주님께서 승천하시기 전에 우리에게 주신 마지막 말씀은 세상을 향한 멘토가 되라는 것이었습니다. 그리고 오늘, 우리와 함께하신다는 것입니다."

> 그러므로 너희는 가서 모든 민족을 제자로 삼아
> 아버지와 아들과 성령의 이름으로 세례를 베풀고
> 내가 너희에게 분부한 모든 것을 가르쳐 지키게 하라 볼지어다
> 내가 세상 끝날까지 너희와 항상 함께 있으리라 하시니라
>
> (마 28:19-20).

"멘토링의 관계는 기도의 연합이 없이 지속될 수 없습니다. 그저 이론적인 학습만으로 멘티는 변화될 수 없는 것이지요. 멘토의 멘티를 향한 기도는 그저 사라지는 것이 아닙니다. 멘토를 향한 중보 기도로 되돌아오게 되지요. 기도의 삼겹줄이 되는 것입니다.

기도의 연합, 기도의 삼겹줄은 쉽게 끊어지지 않는 정도가 아니라 위기를 극복하는 강력한 방패와 검이 됩니다. 이에 대한 좋은 증거가 될 만한 사건을 몇 년 전 제가 경험했었지요. 여러분에게 그 이야기를 지금부터 전해 드리겠습니다."

멘티들은 벌써부터 어떤 이야기인지 무척 궁금해 하는 표정이었다. 도대체 어떤 사건이었기에 데이빗 목사가 기도의 삼겹줄의 증거로 제시한다는 말인가. 모두의 눈이 데이빗 목사의 입술을 주목했다.

▶ 데이빗 목사의 이야기, 성 금요일의 추억

데이빗 목사는 배를 움켜잡고 지그시 눌러 보았지만 별 효과가 없

었다. 배를 바늘로 찔러 대는 듯한 고통이 잦아지고 있었다. 어제부터 시작된 아픔이다. 내일이면 7번의 유럽 집회 중 6번째 집회가 끝이 난다. 모레면 다 마무리가 되는데…….

이번 유럽 지역 치유 세미나는 독일, 스웨덴, 핀란드, 영국, 프랑스까지 이어지는 일정으로 매 집회마다 뜨거운 성령의 역사가 폭발적으로 일어나고 있었다. 그런데 어제부터 시작된 복통의 강도가 심해져, 데이빗 목사는 집회를 이어 나갈 수 있을지 고민하기 시작했다.

내일 이곳 영국에서의 집회를 마치면 마지막 집회는 파리에서 진행된다. 데이빗 목사는 욕조에 뜨거운 물을 가득 채우고 몸을 담갔다. 온기가 복통을 잠재울 수 있을까 하는 바람에서다. 한참을 버티며 땀을 흘렸더니 조금 괜찮아지는 듯한 느낌이 들었다.

'주님, 주님께서 허락하신 집회가 아닙니까? 무사히 마칠 수 있도록 힘을 주세요.'

데이빗 목사는 침대로 돌아와 억지로 잠을 청했다. 그 시간, 미국에 있는 데이빗 목사의 가족들과 기도의 동역자들은 심상치 않은 기류를 감지하고 있었다.

제일 먼저 비상 기도를 시작한 이는 데이빗 목사의 누나인 세실리아였다. 그녀는 중보 기도 중에 환상을 보았는데 주님의 경고 사인임을 직감했다.

환상 중에 데이빗 목사가 집무하는 힐링리서치 사무실의 예배 모임 공간이 보였다. 강단 앞은 국화로 덮여 있었고 조문객을 위한 안내 카드가 보였다. 그런데 그 카드 안에 사진만 비어 있었다. 조문 카드의 사진만 비어 있다는 것은 생사의 기로에 서 있다는 의미가 아니겠는가?

세실리아는 데이빗 목사의 사역을 위해 기도하고 있는 중보 기도 팀원들에게 전화를 했다. 놀라운 것은 동일한 환상을 본 사람들이 여러 명이라는 사실이었다. 세실리아는 즉각 비상 기도를 선포했고 집중적인 중보 기도가 미국에서 시작되었다.

새벽 2시, 데이빗 목사는 잠에서 깨어 방금 꾼 꿈을 떠올렸다.

'내가 미국에 하루 전에 도착하는 꿈이라. 원래 일정은 사흘 후 파리에서 출발인데……. 하루를 앞당겨 미국으로 돌아갔어. 빨리 귀국하라는 주님의 사인인 것 같은데.'

다음날 아침, 데이빗 목사는 여행사에 연락을 취해 드골 공항에서 출발하는 비행기 티켓 예약을 마쳤다. 집회를 마치자마자 출발할 수 있는 시간대의 비행편이 다행히 있었다.

영국과 파리에서의 집회도 은혜 가운데 마친 데이빗 목사는 비행기에 몸을 실었다. 그런데 탑승을 하자마자 극심한 통증이 몰려오기 시작했다. 마치 내장 전체가 꼬여 있는 것 같은 고통. 숨을 쉴 때마다 식은땀이 흘러내렸다.

비행 시간 내내 신음하던 데이빗 목사는 LA 공항에 도착하자마자

가까운 개인 병원을 찾았다. 진찰을 하던 의사는 아무래도 담낭쓸개에 이상이 생긴 것 같으니 빨리 큰 병원으로 가라고 충고하며 911응급 서비스를 이용할 수 있도록 배려했다. 응급차는 UCLA 메디컬 센터에 도착했다.

엑스레이 촬영지를 들고 온 응급실 담당의사 제임스 박사는 놀라운 결과를 전했다.

"도대체 이런 담낭이 터지질 않고 그대로 있다는 게 기적입니다. 부풀어 오를 대로 올라 있어요. 담낭이 터지면 담즙쓸개액이 모든 장기에 치명상을 입히게 되는데요. 지금 목사님의 담낭에 담석膽石이 생겨서 담즙이 흐르는 담도膽道를 막고 있어요.

그래서 담낭 안에서 담즙이 고여 부풀어 오른 것이고요. 터지면 치사율이 70~80%까지 이릅니다. 급해요. 마취할 시간도 없습니다. 일단 고여 있는 담즙을 빼내야 해요. 고통스럽더라도 참으셔야 합니다. 주사기를 이용해 썩어 버린 담즙을 빼낼 거예요."

레지던트들이 데이빗 목사의 양팔과 다리를 붙잡았다. 그리고 오른쪽 옆구리를 대형 주사 바늘로 찔렀다. 생살을 뚫고 담낭까지 주사 바늘이 꽂혔다. 데이빗 목사는 너무나 고통이 심해 울부짖었다.

"내게 이런 일이 생기다니……. 오, 주님. 아아악!"

주사기를 통해 시커먼 콜타르 같은 액체가 빠져나왔다.

데이빗 목사는 극심한 고통에 잠시 혼절하고 말았다. 다음 날, 수술이 진행되었고 데이빗 목사의 담낭이 제거되었다. 제임스 박사는 수술 후 이런 말을 전했다.

"놀라웠어요. 데이빗 목사님의 담낭에서는 스타스톤이라고 불리는 담석이 12개나 나왔습니다. 담낭이 터지지 않은 것은 지금도 이해할 수 없어요. 주님께서 붙잡고 계셨다는 표현밖에 다른 할 말이 없네요.

더욱 놀라운 것은 그날 응급실에 제가 있었다는 사실이에요. 저는 아시다시피 미국 내 담낭에 관한 최고 전문의입니다. 그날은 제 근무일이 아니었는데, 동료가 갑자기 연락을 해와 응급실 근무가 바뀌었거든요.

마치 데이빗 목사님을 위해 제가 움직인 것 같습니다. 한 가지 더, 데이빗 목사님의 옆구리에서 담즙을 뽑아 낸 그 고통의 날, 그날이 공교롭게도 성 금요일이었어요. 주님이 십자가에 달리시고 옆구리에 창이 꽂혀 물과 피를 다 쏟으신 날. 데이빗 목사님 평생에 잊히지 않는 날이 되겠는데요."

▶ 기도는 기적을 평범한 일로 그려 낸다

존은 하나님의 섬세한 인도하심이 놀랍고 경이롭게 느껴졌다. 구약 시대 광야에서 이스라엘 백성을 인도하실 때 낮에는 구름 기둥으로, 밤에는 불 기둥으로 이끄셨다는 하나님.

마치 그때처럼 하나님께서 어제나 오늘이나 동일하게 우리의 삶을 세밀히 인도하고 계신다는 생각이 솟아올랐다.

"기도의 삼겹줄은 시간과 공간을 가리지 않습니다. 하나님의 은혜는 기도를 통해 임하고 기도는 기적을 평범한 일처럼 그려 내지요. 나는 몇 년 전 이 경험을 통해 기도의 힘을 다시 한 번 체험하게 되었습니다.

지금도 제 사역을 위해서 기도로 동역하는 분들이 계시지요. 저를 위해 부르짖은 중보의 기도가 생명을 연장하는 은혜의 생수를 터트린 것입니다. 이처럼 서로 연결된 기도의 삼겹줄에는 세상의 어떤 문제라도 티끌처럼 만들어 버리는 힘이 있답니다."

말씀을 마치고 물러서는 데이빗 목사에게 피터는 가벼운 목례로 감사의 마음을 전했다. 피터는 촛불 의식의 마지막 순서를 소개했다.

▶ **저를 당신의 도구로 써 주소서**

"이제 성 프란체스코 St. Francesco의 시와 함께 촛불 의식의 시간을 접을까 합니다. 이 시대의 멘토로 살아가고자 하는 우리의 소망을 촛불 앞에서 다시 한 번 다짐하는 시간이 되었으면 좋겠습니다."

존은 자신의 작은 촛불만을 응시했다. 아름다운 빛이 어둠을 밝히고 있었다. 촛불처럼 살고 싶다는 존의 소망이 하늘을 향하고 있었다.

평화의 기도

주님,
저를 당신의 도구로 써 주소서
미움이 있는 곳에 사랑을
다툼이 있는 곳에 용서를
분열이 있는 곳에 일치를
의심이 있는 곳에 믿음을
그릇됨이 있는 곳에 진리를
절망이 있는 곳에 희망을
어두움에 빛을
슬픔이 있는 곳에 기쁨을
가져오는 자 되게 하소서
위로 받기보다는 위로하고
이해 받기보다는 이해하며

사랑 받기보다는 사랑하게 하여 주소서

저희는 줌으로써 받고

용서함으로써 용서 받으며

자기를 버리고 죽음으로써

영생을 얻게 됨을 깨닫게 하소서

아멘

기도의 원리 7

기도의 삼겹줄

1. 성공한 사람들 곁에는 돕는 손길이 있습니다
인생에서 실패한 사람들 곁에는 아무도 없습니다.
반면 인생에서 성공한 사람들 곁에는 돕는 손길이 있습니다.

2. 멘토, 성공적인 삶을 이끄는 자
자기 곁에 좋은 멘토를 두고 있는 사람은 행복합니다.
나도 누군가의 인생에 좋은 영향을 끼치는 멘토가 되어야 합니다.

3. 형제와 기도로 연합하십시오
형제들과의 기도의 연합은 아름다운 삶의 기초가 됩니다.
예수님도 연합하고 함께하는 공존의 삶을 사셨습니다.

4. 기도의 삼겹줄을 만드십시오
주님이 연합하신 것처럼 우리도 연합하고 서로를 도와야 합니다.
기도의 삼겹줄은 인생의 난관 앞에 쉽게 끊어지지 않습니다.

생각해 봅시다
나를 위해 기도해 주고 조언해 주는 삶의 멘토가 있습니까?
나는 누군가의 멘토로 살아가고 있습니까?
내 삶 속에 기도의 삼겹줄은 튼튼합니까?

11
열 장의 편지

"메리, 빨리 말해 줘. 도대체 이 편지는 뭐고, 당신이 내게 해 줄 이야기가 있다는데 그건 또 뭐야?"

존은 테이블 위에 가지런히 놓인 열 장의 편지를 바라보며 메리를 재촉했다. 촛불 의식이 끝나고 숙소를 향해 발걸음을 옮기려 할 때, 데이빗 목사와 멘티들이 하나같이 존에게 편지를 건넸다. 아내 메리까지.

함께 여행을 한 10명의 동료들이 전해 준 편지에는 어떤 글들이 숨어 있을까 궁금했지만 존은 쉽사리 편지를 읽어 볼 수 없었다. 데이빗 목사의 조언 때문이었는데, 목사님은 이 편지를 그냥 읽지 말라고 했다.

메리가 전할 이야기가 있으니 차분히 듣고 편지를 열어 보라고 부탁한 것이다.

메리는 존 앞에 쟈스민 차를 내려놓았다. 존은 상쾌한 쟈스민 향이 머리를 맑게 만들어 주는 듯한 느낌을 받았다.

▶ 한 사람을 위한 여행

존을 마주하고 앉은 메리가 조용히 입을 열었다.

"돌려서 말하지 않을게요. 제가 여행을 시작하기 전, 당신에게 한 말 생각나요? 메일을 확인하다가 기도여행에 대한 정보를 알았고, 멘토 코스를 수료한 교육생들이 참여하는 여행이었지만 데이빗 목사님께 부탁을 해서 참가 기회를 얻었다는 말이요."

"물론이지, 그래서 당신과 내가 이곳에 있는 것 아냐?"

"사실은……."

잠시 말꼬리를 흐리던 메리는 이내 또렷한 목소리로 이야기를 이어 나갔다.

"이번 기도여행은 모두 당신을 위해 준비된 거예요."

"날 위해 준비된 여행이라고! 나 혼자만을 위해서!"

존의 목소리에서 떨림이 묻어났다.

"맞아요. 데이빗 목사님은 제게 영혼의 멘토가 되셨던 분이죠. 당신의 실직 소식을 접하고 슬퍼하다가 전화를 드렸어요. 그냥 단순히 상담을 위한 것이었는데, 목사님께서는 당신에 대한 이야기를 듣더니 제게 이런 특별한 여행을 제안하셨죠."

"도대체 그 이유가 뭔데?"

"힐링리서치에서 펼치는 사업 중에 미래의 멘토를 발굴하고 동기 부여를 하는 프로그램이 있었대요. 대상이 될 수 있는 자격이 독특했고 운영이나 자원 선정에 자율성이 있는 프로그램이라 목사님이 고민하셨나 봐요. 그런데 당신의 이력이나 현재의 상황이 프로그램과 맞아떨어진 거예요. 우연이라고 보기에는 너무나 절묘하죠.

사실 이 모든 것도 하나님의 계획하심이라고 저는 믿어요. 목사님께서도 바로 결정하신 것은 아니었어요. 철야 기도를 하시면서 하나님께 뜻을 물으셨다고 해요. 과연 당신이 미래의 멘토로 충분한 자원인지, 주님께서 선택하신 씨앗인지. 그리고 다음날 제게 전화를 주셨어요. 하나님께서 선택하신 그릇이라고 응답을 받으셨다는 거예요. 저는 얼마나 기뻤는지 몰라요. 이번 여행이 끝날 때까지 비밀을 지키기로 하고 여행을 시작했죠."

존은 아무 말도 할 수 없었다.

'내가 선택되었다니. 미래의 멘토로 선택되었다니. 영적인 리더들이 나 한 사람을 위해 여행을 함께하다니. 내 변화를 위해서 모두가 헌신했다는 말인가?'

"편지는 당신에게 전하는 마지막 당부의 메시지예요. 미래의 멘가 되기 위해 잊지 않아야 할 이야기가 편지에 담겨 있어요. 이번 여행의 테마였던 기도에 대한 이야기, 멘토로서 갖추어야 할 마음들을 만나게 될 거예요. 당신에 대한 응원을 이제부터 들어보세요."

존은 말로는 표현할 수 없는 기대와 감사가 가슴 가득 차오르는 것을 느꼈다. 편지를 하나하나 살펴보았다. 한 장 한 장 곱게 접혀 있었다. 편지마다 마치 제목처럼 단어 한 개씩이 적혀 있었고 그 편지를 전하는 사람의 이름이 편지 아래 기록되어 있었다. 편지를 펼치는 존의 손끝이 가볍게 떨렸다.

📩 기도, 이렇게 하세요

존, 우리가 하나님께 올리는 기도에 어떤 요소가 필요한지에 대해 전하고 싶어요. 여기에는 공식이 하나있죠. 바로 'ACTS' 라는 한 단어만 외우면 된답니다.

'ACTS' 는 기도에 대한 내용을 상징하는 단어의 앞 글자를 조합한 단어입니다. 사도행전을 뜻하는 단어이기도 하니 암기하기는 더 쉬우리라 생각되네요.

먼저 A는 'Adoration_ 찬미' 입니다. 우리는 하나님에 대한 찬미로 기도를 시작해야 합니다.

우리의 문제와 시련과 필요들이 너무도 절박하게 느껴져서 기도가 그만 소원 목록표로 전락하는 경우가 얼마나 많은지 몰라요. 그러나 찬미를 통해 하나님의 신실하심, 의로우심, 자비로우심, 정의로우심을 올려 드리세요. 우리의 영이 깨끗해질 겁니다. 찬미 없이 기도 생활을 잘해 나갈 수 없답니다.

두 번째 단어 C는 'Confession_ 고백' 입니다. "주님 제가 지은 많은 죄를 용서해 주소서"라고 모든 죄를 한꺼번에 모아 놓고 고백하는 것은 당혹스럽거나 고통스럽지 않습니다.

하지만 그 죄 덩어리를 하나씩 꺼내어 죄명을 다는 것은 다른 이야기죠.

하나하나 구체적으로 다루기로 결정하고 실천하는 것이 필요합니다. 고백으로 인한 하나님의 위로가 올 것입니다.

세 번째 단어 T는 'Thanksgiving_감사' 입니다. 고마움과 감사는 다릅니다.

누가복음에 열 명의 문둥병자가 고침을 받았습니다. 그들 모두 고마움을 느끼고 기뻐했지만, 그중 단 한 명만이 주님께 감사했습니다. 성경은 이렇게 말합니다. "범사에 감사하라 이는 그리스도 예수 안에서 너희를 향하신 하나님의 뜻이니라." 살전 5:18

네 번째 단어 S는 'Supplication_간구' 입니다. 너무 큰일이어서 하나님이 다루실 수 없거나 너무 작은 일이어서 하나님이 신경 쓰실 수 없는 일은 없습니다. 기도 제목이 합당한지 궁금하면 하나님께 기도를 가르쳐 달라고 구하십시오. 간구하고 아버지 뜻을 구하세요. "다만 모든 일에 기도와 간구로, 너희 구할 것을 감사함으로 하나님께 아뢰라" 빌 4:6.

존, 잊지 마세요. 기도의 요소 'ACTS'. [13]

_ 편지 하나, 찰스가

🐤 '비전', 꿈을 심어 주세요

"만일 당신이 배를 만들고 싶다면, 사람들에게 목재를 가져오게 하거나 일을 지시하고 일감을 나눠 주는 일은 하지 마라. 대신 그들에게 저 넓고 끝없는 바다에 대한 동경심을 키워 주라."[14]

프랑스의 작가인 생텍쥐페리A. M. R. De Saint Exupery가 한 말입니다.

이것은 마치 배고픈 사람에게 고기 한 마리를 주면 한 끼를 해결할 수 있지만 고기 잡는 법을 가르쳐 주면 평생의 배고픔을 해결할 수 있다는 이야기처럼 들립니다. 인간은 꿈을 먹고 사는 존재입니다.

멘토는 그 꿈을 이야기하는 사람입니다. 가슴속에 원대한 꿈을 심고 그 꿈을 위해 기도하게 하는 사람입니다. 단순한 생활의 지식을 전달한다면 그는 멘토가 아닙니다. 삶의 목적을 깨닫게 해야 합니다. 하나님께서 우리에게 원하시는 목적을 일깨울 수 있어야 합니다. 존은 그런 사람이 되어야 합니다. 희망이 보이지 않는다고 한탄하는 그들에게 바다를 이야기해 주세요.

일어설 수 없다고 울부짖는 이들에게 파도가 근접하지 못하는 깊은 바다의 평온을 전해 주세요. 비전을 세상에 전하는 당신의 모습을 소망합니다.

_편지 둘, 브라이트가

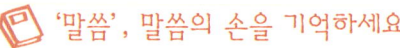
'말씀', 말씀의 손을 기억하세요

기도는 어디서부터 출발한다고 생각하십니까? 멘토가 될 수 있는 힘은 어디에서 공급 받습니까? 하나님의 위로는 어떻게 다가오나요? 존, 이 모든 것이 하나님의 말씀으로부터 시작됩니다. 오직 성경이 기준입니다.

'말씀의 손'을 소개하죠. 성경을 잡고 있는 오른손을 상상해 보세요. 손가락마다 이름이 있답니다. 검지는 듣기, 중지는 읽기, 약지는 공부, 새끼손가락은 암송, 엄지는 묵상입니다.

첫째, 듣기! 믿음은 들음에서 나며 들음은 그리스도의 말씀으로 말미암는다고 했죠.롬 10:17 하나님의 말씀을 들을 수 있는 기회는 많이 있습니다. 그러므로 말씀 듣기를 적극적으로 잘 활용하면 신앙생활에 큰 도움을 얻을 수 있습니다.

둘째, 읽기! 예언의 말씀을 읽는 자들이 복되다고 합니다.계 1:3 성경을 읽음으로써 하나님의 말씀에 대한 전체적인 이해를 얻게 됩니다.

셋째, 공부! 사도행전에는 날마다 간절한 마음으로 성경을 상고한 베뢰아 사람들에 대한 칭찬의 글이 있습니다.행 17:11 성경 읽기가 말씀에 대한 전체적인 시야를 갖게 해 준다면, 성경 공부는 말씀을 더욱 깊이 있게 깨닫도록 해 줍니다.

넷째, 암송! 암송해 둔 말씀은 우리의 영적 전쟁을 승리로 이끄는 훌륭한 무기가 되며, 또한 전도와 양육에서 다른 사람들을 때에 맞는 말씀으로 돕는 데에 아주 유익합니다.

다섯째, 묵상! 묵상은 말씀의 의미를 깊이 생각하고 되새기며 삶에 적용하는 것입니다. 우리는 묵상을 통하여 삶을 변화시키는 말씀의 능력을 경험하게 됩니다.

성경책을 잡아 보십시오. 다섯 손가락이 모두 필요하지 않습니까? 말씀 섭취에 있어서도 이와 같이 다섯 가지 방법을 모두 사용하는 것이 효과적입니다. 특히 엄지손가락은 물건을 힘 있게 잡는 데에 필수적인 역할을 합니다. 듣고 읽고 공부하고 암송한 말씀을 묵상하는 것은 하나님의 말씀을 풍성하게 섭취하는 데 대단히 중요합니다.[15] 존, 말씀의 손을 기억하세요.

_편지 셋, 조슈아가

🌱 '인내', 인내가 명품 인생을 만들어 냅니다

로키 산맥 해발 3,000미터 높이에 수목 한계선인 지대가 있습니다. 이 지대의 나무들은 매서운 바람으로 인해 곧게 자라지 못하고 '무릎을 꿇고 있는 모습'을 한 채 있어야 합니다. 혹독한 환경을 이겨 내면서 휘어지고 구부러져 기도하는 자세처럼 되어 버린 것입니다.[16] 이 나무들은 열악한 조건이지만 생존을 위해 무서운 인내를 발휘합니다. 그런데 세계적으로 가장 공명이 잘되는 명품 바이올린은 바로 이 '무릎 꿇는 나무'로 만들어진다고 합니다.

아름다운 영혼을 갖고 인생의 절묘한 선율을 내는 사람은 아무런 고난 없이 좋은 조건에서 살아 온 사람이 아니라 온갖 역경과 아픔을 겪어 온 사람입니다. 꿈꾸는 자의 삶도 마찬가지입니다. 때로 찾아오는 매서운 바람 때문에 무릎을 꿇고 기도하는 사람이 가장 아름다운 선율을 내는 사람이 됩니다.[17] 참고 견디는 것은 고통의 눈물을 삼키는 것이지만 그 눈물은 축복의 밭을 적신답니다.[18]

존이 지금 겪고 있는 아픔은 명품 악기가 되기 위한 바람과 추위일 겁니다. 이겨 내세요. 믿음으로 인내하고 기다리면 축복 가득한 명품 인생이 당신에게 다가올 것입니다.

_편지 넷, 조나단이

🛡 '도전', 간절히 구하세요.

마르코니G. Marconi는 전선을 사용하지 않고 소리의 진동을 전달하는 에테르를 만들어 낼 수 있으리라고 믿었습니다. 이런 확신이 있었기 때문에 거듭된 실패에도 불구하고 절대로 포기하지 않고 마침내 성공하여 세상에 최초의 무선 통신을 선사할 수 있었습니다.

헨리 포드Henry Ford는 마차보다 빨리 달리는 4륜 운송 기구를 저렴한 비용으로 만들 수 있으리라고 믿었습니다. 사람들은 그를 '미치광이'라고 손가락질했지만 포드는 포기하지 않았고 마침내 자동차를 만들어 내어 엄청난 부자가 되었습니다.

마리 퀴리M.S. Curie는 라듐radium이라는 금속이 존재한다고 믿었습니다. 이전까지 아무도 라듐을 본 적이 없었고 어디에서 라듐을 찾아야 할지 몰랐지만 꼭 찾아내겠다는 집념을 가진 퀴리는 마침내 라듐의 근원을 밝혀 내고야 말았습니다.

KFC의 창업자인 커널 샌더스Colonel Sanders는 스스로 고안한 닭튀김 제조법을 가지고 프랜차이즈 사업을 할 때 무려 1,005번이나 거절 당했다고 합니다. 발명왕 에디슨T. A. Edison은 전구를 개발하는데 만 번에 이르는 실패를 반복했다고 합니다.

J. K. 롤링Joanne Kathleen Rowling은 해리포터 시리즈Harry Potter Series를 내

기 위해 8개 회사로부터 거절 당했고, 뉴욕 백화점의 사장이 된 R. H. 매시 R. H. Macy는 일곱 번을 실패하고서야 간신히 뉴욕 백화점에서 일자리를 얻었으며, 홈런 왕 베이브 루스G. H. Ruth는 1,330번 스트라이크 아웃을 당했답니다.

성공하려면 절망에는 끝까지 둔감하고 희망에는 끝까지 민감해야 합니다. 도전 없는 성공이란 있을 수 없습니다. 도전했다가 실패하면 50퍼센트 실패한 것이지만 도전조차 하지 않는다면 100퍼센트 실패한 것입니다. 신앙도 마찬가지입니다.

성경은 우리에게 '구하라! 찾으라! 두드리라!'고 가르치고 있습니다. 도전하는 자가 얻을 것이고, 도전하는 자가 찾을 것이며, 도전하는 자에게 열릴 것이라는 말입니다.

존, 실패를 두려워하며 머뭇거리는 시대가 왔습니다. 다들 두려워하며 떨고 있습니다. 모두가 두려워 떨 때 도전하는 사람이 그 세계를 차지할 것입니다. 무엇이든 도전해 보십시오. 도전하는 당신에게 성공이 찾아올 것입니다. [19)]

_편지 다섯, 홀리스가

✉ '용기', 강하고 담대하십시오

하나님은 꿈을 가지고 용기 있게 약속의 말씀을 앞세우고 나가는 믿음의 사람들에게 위대한 역사를 펼치시는 분입니다. 엄청나게 많은 양의 시멘트도 그것이 물과 자갈과 모래와 반죽되지 않으면 콘크리트가 될 수 없는 것처럼, 무한하신 하나님의 놀라운 은혜 역시 '믿음과 순종' 이라는 실천적인 삶과 반죽되지 않으면 결코 축복의 역사는 일어나지 않을 것입니다.

우리는 다윗처럼 하나님의 말씀을 앞세워 힘차게 전진하고 도전하는 자가 되어야 합니다. 때로 어려움을 만날지라도 하나님의 놀라운 비전을 포기하지 말아야 합니다.

'어떤 악천후에도 침몰하지 않는다' 는 보장을 가지고 떠 있는 배 앞에는 오히려 크고 작은 파도들이 유쾌함을 주는 것처럼, 어떤 경우에도 실패가 없으신 하나님 앞에서 항해하는 믿음의 사람들에게는 크고 작은 인생의 많은 풍랑들이 오히려 강한 투지와 자신감을 갖게 하는 것입니다.

강하고 담대하십시오. 하나님은 우리에게 결코 적자 인생을 허락지 않으십니다. 어떤 말씀에도 '아멘' 을 주저하지 마십시오. 그분은 때로 고난을 허락하시지만 그로 말미암아 결국 가나안으로 인도하시는 분이심을 믿어야 할 것입니다.[20]

존에게 용기를 실어 줄 수 있는 노래를 소개할게요. 찬양의 가사처럼 담대하게 물맷돌을 집어 골리앗을 향해 던지는 용기 있는 존이 되길 소망하는 마음으로 적습니다.

〈허리를 숙여 돌을 주으라〉
시와그림

허리를 숙여 돌을 주으라
물러서지 마라 눈을 감지 마라
오늘 내가 이곳에서 너와 함께함을 똑똑히 보라
내 발 옆에 그 돌을 주으라 자신 없어 마라 예비된 돌이니
지금 내가 너와 함께 서 있을 것이라
너 믿음의 돌을 주워 골리앗을 향해 던져라
내가 너의 손을 들어 그 돌을 던지니 두려워마라
내가 너에게 오늘 승리를 줄 것이다 너의 돌을 들어라

_ 편지 여섯, 호프가

🐤 '성공', 무엇이 진정한 성공인가?

성공이란

자기가 태어나기 전보다

세상을 조금이라도 살기 좋은 곳으로

만들어 놓고 떠나는 것

자신이 이곳에 살았음으로 해서

단 한 사람의 인생이라도 행복해지는 것

_ 랄프 왈도 에머슨 Ralph Waldo Emerson

  많은 사람이 생각하는 성공은 정한 목표를 이루는 것입니다. 그러나 하나님의 관심은 그 목표를 이루는 당신이 어떤 사람인가를 보십니다. 인생에서 가장 중요한 것은 무엇이며, 진정한 성공은 어떤 것이라고 생각하나요?[21]

  에머슨의 말처럼 살기 위해서는, 진정한 성공을 이루기 위해서는 베푸는 삶을 살아가려는 자세가 중요합니다. 오늘을 온전히 사는 데 가장 큰 걸림돌 중 하나는 이기주의입니다.

  이기주의에 사로잡힌 이들에게는 굶주린 아이의 허기진 배도, 길거리를 베개 삼아 밤을 지새는 이의 움츠린 어깨도, 자신의 몸 하나 가눌 수 없어 울부짖는 연약한 노인의 외침도 더 이상 관심거리가 되지 않습니다.

자신의 배만 채우는 것은 하나님께서 원하시는 성공적인 삶이 아닙니다.

성경은 곳곳에서 씨뿌리기와 수확의 원칙을 말하고 있지요. 농부가 수확하려면 씨앗을 뿌려야 하듯이 우리도 가정과 직장, 사업체, 대인 관계라는 밭에 좋은 씨앗을 뿌려야 합니다. 무엇을 심던지 그대로 거두게 됩니다.

존, 베풂을 통해 진정한 성공을 체험하는 멘토가 되길 기도합니다.

_편지 일곱, 조이가

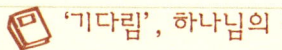 '기다림', 하나님의 시간을 신뢰하세요

인생은 경험의 연속이며, 느끼기는 어렵지만 경험 하나하나가 우리를 크게 만든다. 세상은 인격을 키우기 위해 만들어졌으므로 우리는 실패와 한탄을 견딜 때마다 꾸준히 앞으로 나아간다는 사실을 알아야 한다.

_ 헨리 포드 Henry Ford

사랑하는 당신에게.

우리가 항상 하나님의 방법을 이해할 수는 없습니다. 하나님의 방법이 상식과 반드시 일치하는 것도 아니죠. 당신이 맞닥뜨린 연구소의 일도 마찬가지인 것 같아요.

그럴지라도 하나님은 당신의 인생을 향한 계획을 가지고 계시죠. 당신의 삶이 고난의 바람에 상하고 찢겼을지라도 이 사실에는 조금도 변함이 없답니다.

당신이 처한 이 암울한 상황 속에서도 하나님의 시간을 신뢰한다면, 그분은 문제가 어떻든지 해결할 수 있도록 도와주실 뿐 아니라 그 문제로 인해 잃어버린 것들도 모두 회복시켜 주실 거예요.

존, 잊지 마세요. 하나님께서는 당신에 대한 위대한 계획을 갖고 계십니다. 지금 당신의 삶에 불어 닥친 역경의 바람 속에서 앞으로 어떻게 해결해 나가야 할지 생각조차 못할 수도 있겠죠. 무기력하며 패배감이 들지도 모릅니다. 그러나 하나님은 당신이 고개를 들어, 그분이 당신을 위해 준비하신 많은 약속과 기회, 그리고 축복을 바라보기를 원하고 계실 거예요.

사랑하는 존!

넘어진 그 자리에서 일어서세요. 머물러 있지 말아요. 아픈 상처를 싸매세요. 그리고 앞을 바라봐요. 아직도 당신을 괴롭히는 고난의 바람이 세차지만 일어나 걸어야 해요. 바람을 가르세요. 당신이 가고자 하는 목적지는 이곳이 아니잖아요. 고난의 바람을 이겨 내세요.[22)]

_ 편지 여덟, 메리가

🌱 '사명', 당신의 사명을 발견하세요

많은 사람들이 성취한 것은 많지만 만족하지 못한 채 살아가고 있습니다. 과거에 비해 문화적 혜택을 많이 누리고 있음에도 행복하지 못한 이유는 무엇일까요?

존, 당신을 향한 하나님의 기대, 삶의 방향성과 존재 이유를 아시나요? 존재하는 모든 것에는 의미와 가치가 있다는 사실, 잊지 마세요. 당신이 평생 달려가야 할 길을 찾아야 합니다. 칼 힐티Carl Hilty는 이렇게 말했답니다.

> 생애 최고의 날은 자기의 사명을 발견하는 날이다.[23]

하나님께서 당신에게 전문적인 능력을 가질 수 있도록 교육의 기회를 허락하셨으며, 시련도 허락하셨지요. 지나간 삶보다 앞으로의 삶이 우리에게 더 소중합니다. 당신께 허락하신 사명을 발견하세요.

_편지 아홉, 피터가

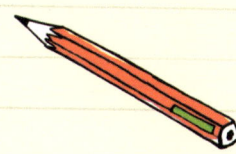

✠ '역전', 인생을 역전시키는 하나님의 은혜를 기대합니다

성경에서 만난 하나님은 인생을 역전시키는 하나님이셨습니다. 우상숭배자였던 아브라함은 믿음의 조상이 되었고, 사기꾼이었던 야곱은 이스라엘 열두 지파의 아버지가 되었습니다. 노예로 끌려갔던 요셉은 애굽의 총리대신이, 목동이었던 다윗은 이스라엘의 왕이, 그리고 포로로 끌려갔던 다니엘은 바벨론의 재상이 되었습니다.

예수님이 말씀하신 부자와 나사로의 이야기도 역전승의 이야기였습니다. 하나님을 믿지 않았던 부자는 죽어 음부에 들어가고, 가난했던 나사로는 죽어 낙원에 들어갔습니다. 우리의 희망인 예수님의 십자가 사건 역시 역전승의 사건이었습니다. 어두움의 세력이 예수님을 쓰러뜨렸지만 예수님은 죽음의 권세를 이기시고 부활하셨습니다. 예수님이 부활하시던 날, 모든 것은 역전되었습니다.

나는 성경을 읽으면서 하나님이 은혜를 베푸시면 어떤 인생도 역전될 수 있다는 사실을 깨달았습니다. 그날 이후로 저는 절망 대신 희망을 선택했습니다. 예수님은 내게 모든 자유를 허락하셨지만 절망할 자유를 허락하지는 않으셨습니다.

희망을 향해 일어선 나는, 말씀을 통해 내 인생도 역전될 수 있다는 확신을 갖게 되었습니다. 그렇지만 역전승의 확신을 갖고 산다고 해서 모든 문제가 당장 해결되지는 않았습니다. 여전히 현실은 냉혹했습니다. 인생은 어렵고 힘들었습니다. 많은 고통의 강을 건너야 했습니다. 침체의 늪을 통과하기도 하고 건강의 어려움을 겪기도 했습니다.

말할 수 없는 상처를 받고 가슴이 멍들기도 했습니다. 사역을 시작했지만 눈물겨운 날들을 많이 보내야 했습니다. 요셉이 형제들에 의해 구덩이에 던져지듯이, 저도 좌절의 구덩이에 던져지기도 했습니다.

절망의 순간에 희망을 붙잡기 위해서는 대단한 믿음이 필요했습니다. 저는 절망의 순간에 거듭 하나님의 희망을 붙잡았습니다. 하나님의 약속의 말씀을 붙잡았습니다.

하나님께 역전의 은혜를 달라고 기도했습니다. 무릎을 꿇으면서 인내하고, 무릎을 꿇으면서 역전의 날을 준비했습니다. 눈물로 씨를 뿌리며 하나님께 역전승의 은혜를 구했습니다.[24] 그리고 하나님께서는 그 기도에 응답하시고 창대한 사역과 세계적으로 사용되는 멘토의 삶을 선물로 주셨습니다.

이번에는 당신 차례입니다.

존, 인생을 역전시키는 하나님의 은혜를 무릎으로 구하십시오. 우리가 여행 중 나누었던 기도의 원리를 가슴에 새겨야 합니다.

야베스처럼 기도하세요. 부르짖어 기도하세요. 예수님의 기도 습관을 닮아 가시길 바랍니다. 응답 받는 믿음의 기도를 드리세요. 당신의 삶이 기도가 되게 하세요. 목숨을 걸고 기도하세요. 기도의 삼겹줄을 만들며 기도의 멘토가 되길 기대합니다. 당신에게 축복의 날이 올 것입니다.

_편지 열, 데이빗 목사가

존은 그 자리에 무릎을 꿇어 엎드렸다.

"하나님, 내가 도대체 무엇이기에 이렇게 사랑해 주십니까? 감히 기도합니다. 나를 받아 주소서. 내 삶을 드립니다. 날 받아 주소서."

그 순간, 사도들에게 나타났던 불같은 성령의 은혜가 존에게 임하기 시작했다.

> 홀연히 하늘로부터 급하고 강한 바람 같은 소리가 있어
> 그들이 앉은 온 집에 가득하며
> 마치 불의 혀처럼 갈라지는 것들이 그들에게 보여
> 각 사람 위에 하나씩 임하여 있더니
> 그들이 다 성령의 충만함을 받고 성령이 말하게 하심을 따라
> 다른 언어들로 말하기를 시작하니라 (행 2:2-4).

열 장의 편지

믿음의 열 단어

1. '기도' 이렇게 하세요
기도에 필요한 요소 ACTS를 생각하며 기도하세요.

2. '비전' 꿈을 심어 주세요
사람들에게 넓고 끝없는 바다에 대한 동경심을 키워 주세요.

3. '말씀' 말씀의 손을 기억하세요
듣기, 읽기, 공부, 암송, 묵상, 이 말씀의 손을 기억하세요.

4. '인내' 인내가 명품 인생을 만들어 냅니다
인생의 절묘한 선율을 내는 사람은 인내할 줄 아는 사람입니다.

5. '도전' 간절히 구하세요
절망에는 끝까지 둔감하고 희망에는 끝가지 민감하세요.

6. '용기' 강하고 담대하십시오
강하고 담대하십시오. 하나님의 오른손이 우리를 붙들고 계십니다.

7. '성공' 나눔의 삶을 살아가십시오
성장과 번영을 원한다면 먼저 베푸는 자가 되어야 합니다.

8. '기다림' 하나님의 시간을 신뢰하세요
인생의 모든 조각이 하나로 합쳐져 하나님의 완벽한 때가 옵니다.

9. '사명' 당신의 사명을 발견하세요
생애 최고의 날은 자기 사명을 발견하는 날입니다.

10. '역전' 하나님은 인생의 역전을 선물해 주십니다
눈물로 씨를 뿌리면 하나님이 역전의 날을 선물해 주십니다.

12 존, 멘토가 되다

회상에 잠겨 있던 존은 눈을 떴다. 3년 전 여행의 추억이 바로 엊그제처럼 생생했다.

"아, 벌써 추억이 되어 버렸구나. 지금 생각하면 아무것도 아닌 작은 문제를 마치 태산처럼 받아들이던 시절이었지. 믿기지 않을 만큼 축복해 주신 하나님, 나같이 연약한 자를 들어 사역자로 사용하시다니……."

▶ 존, 멘토가 되다

존은 시애틀의 메이저리그 홈구장인 세이프코 필드에 마련된 강단 아래에 앉아 있었다. 이틀 전부터 '믿음의 힘! 기도의 능력!'이라는 주제로 시작된 '미국 서북지역 청년 연합성회'는 매일 4만 명이 넘는 참가자들이 몰리며 뜨거운 은혜를 나누고 있었다.

천연 잔디가 깔린 개폐식 돔 구장, 밤부터 비가 내린다는 소식에 무게 약 1만 톤에 이르는 거대한 지붕이 방금 닫히고 내부 조명 시설이 가동되었다.

존은 그라운드를 잠시 둘러보았다. 최신 시설이 갖추어져 있지만, 내부 장식은 철저하게 신고전주의 풍으로 꾸며져 있고, 그라운드 주위의 벽은 서부개척 시대를 연상시키는 분위기를 자아내고 있다.

존은 미국 서북지역 청년 연합성회의 기획 팀장으로 사역하며 집회의 운영을 진두지휘하고 있었다.

3년 전 기도여행 후 존은 기도의 능력과 믿음, 희망을 이야기하는 온라인 사이트를 개설했다. 인터넷을 통해 자신의 진솔한 이야기와 생각들을 담담히 기록했고, 영적인 침체에 빠진 많은 이들이 변화를 경험하기 시작했다.

평신도로서 사역의 지경이 점점 넓어져 갔다. 언론을 통해 그 소식이 퍼져 나갔고, 그가 집필한 문화 사역자를 위한 전문 서적은 큰 반향을 일으키며 베스트셀러로 자리 잡았다.

평신도 문화 사역의 중요성과 핵심을 알기 쉽게 전하는 그의 강연과 세미나를 통해 수많은 평신도 사역자가 배출되었다. 그는 문화 사역 분야의 멘토가 되어 있었다. 3년 사이 그의 이름 앞에는 평신도 선교사라는 직함이 자연스럽게 따라붙었다.

존은 단상 위에 올라 3일째 집회의 주 강사를 소개하기 시작했다.

"미국 서북지역 청년 연합성회, 사흘째 밤, 주 강사님을 여러분께 소개하겠습니다. 그의 설교는 우리의 마음을 하나님께만 집중시키게 합니다. 하늘 보좌를 향해 무릎을 꿇게 합니다. 우리를 하나님의 마음을 감동시키는 기도의 사람으로 살아가도록 격려합니다. 저도 3년 전 이 분과의 기도여행을 통해 변화된 삶을 살고 있고, 오늘 이처럼 사역자로 살아가고 있습니다. 그는 현재 캘리포니아 힐링리서치 대표이며 미국을 이끄는 사역자 100인에 선정된 바 있습니다.

그의 저서 『하나님 안에 희망이 있습니다』는 미국 문화부 추천 도서로 선정되었으며 많은 이들에게 희망을 선물했습니다. 여러분, 데이빗 목사님을 큰 박수로 맞아 주시길 바랍니다."

스타디움에 큰 환호와 박수가 메아리쳤다.

데이빗 목사는 화살 기도를 올려 드리며 발걸음을 옮겼다.

"아버지, 제 모습은 사라지고 오직 아버지의 영광만이 가득한 집회가 되길 바랍니다. 성령의 능력을 부어 주세요."

데이빗 목사는 강단 중앙에 우뚝 섰다. 대형 스크린에 그의 활짝 웃는 모습이 클로즈업되었다. 이야기하지 않아도 표정과 자세에서 희망의 내음이 물씬 풍겨 나왔다.

4만 청중을 향한 비전의 메시지가 시작되었다.

▶ 하나님을 제한하지 않는 삶을 살라

"먼저 재미있는 이야기를 해 드리죠. 한 무리의 과학자들이 하나님께 말했습니다. '이젠 하나님이 필요 없습니다. 인간 복제도 가능하고 심장 이식도 할 수 있죠. 과거에 기적으로 간주됐던 일들을 이젠 인간이 다 할 수 있습니다.'

얘기를 끝까지 들으신 하나님이 말씀하셨습니다. '그렇다면 인간 만들기 시합을 해 보자. 흙으로 만들어야 한다는 것이 유일한 규칙이다.' 과학자들이 그 말에 동의한 뒤 한 줌의 흙을 집어 들었습니다. 그때 하나님이 말씀하셨죠. '네가 쓸 흙은 네가 만들어라.'"[25]

장내는 이 짧은 예화를 통해 폭소의 도가니로 변했다. 예화는 강연을 더 편하게 받아들이고 경계를 풀도록 하기에 충분했다.

"현대 크리스천들의 단점이 여기에 있죠. 하나님이 죄의 압제에서 풀어 주시고 많은 기적을 보여 주셨지만 우리는 고난의 광야에 들어가자마자 이런 질문들을 던집니다. '하나님이 광야에서 능히 생수를 공급하시랴?' 즉 하나님이 우리의 필요를 해결하실 수 있느냐, 우리를 보호하실 수 있느냐는 말이죠. 이런 잘못된 생각 때문에 결국 우리 삶에 축복의 열매가 열리지 못하는 것입니다.

어떤 상황에서도 우리는 '하나님께서 이루실 소망'을 바라보는 믿음의 눈을 가져야 합니다. 머리 위에 덮인 구름이 새까맣고 부는 바람이 아무리 억세도, 오직 십자가를 바라보는 것이 소망입니다. 생이 짧아 보이고 허무해 보여도 자포자기하지 않고 아무렇게나 살지 않는 것이 소망입니다. 사는 것이 고생스럽고 성과가 너무 적을지라도 낙심치 않고 포기하지 않는 것이 소망입니다.

숨이 막힐 정도로 활동 무대가 좁게 느껴지고 서 있는 환경이 황무지일지라도 움츠려들지 않는 것이 소망입니다. 훈장을 달고 갈채를 받고 싶어도 말없이 참고 걸어가신 예수님을 바라보는 것이 소망입니다. 친구들이 떠나고 오갈 데 없이 고독하게 떨어져 있어도 한숨 쉬지 않고 원망치 않는 것이 소망입니다.[26]

어느 날 나이아가라 폭포 위로 줄이 팽팽하게 걸렸습니다. 유명한 줄타기 선수가 등장했죠. 준비가 다 끝나자 그는 줄 위에서 일륜차를 밀며 나이아가라 폭포를 건너갔다가 다시 건너왔습니다. '와우! 정말 믿기 어려운 광경이야!' 관객들은 환호성을 질러댔습니다. 이번에는 개를 일륜차에 태운 뒤 또다시 폭포를 건너갔다 왔죠. 그 다음에는 아들을 일륜차에 태웠고, 그날 내내 가족을 한 사람씩 태우고 폭포 양편을 오갔습니다.

그러다가 그는 공연을 열성적으로 지켜보고 있던 한 사람을 발견했고 그에게 가서 물었습니다. '제가 이걸 또 할 수 있을까요?' 그는 웃으며 대답했습니다. '물론이죠. 하루 종일 지켜봤잖아요.' 줄타기 선수가 자신이 한 번 더 할 수 있겠느냐고, 정말 믿고 있냐고 묻자 그는 확신한다고 힘주어 대답했습니다.

하지만 줄타기 선수는 이렇게 대꾸했습니다. '내가 할 수 있다고 안 믿는군요.' 남자는 화를 냈습니다. '당신을 몇 시간 동안 지켜봤어요. 할 수 있다고 100% 확신해요!' 그러자 줄타기 선수가 대답했죠. '그러면 일륜차에 타세요.' "[27]

스타디움은 다시 한 번 웃음바다가 되었다.

"남자는 머뭇거리며 그건 다른 얘기라고 말했습니다. 그는 머리로 믿었습니다. 진정한 믿음은 마음에 없었던 것이죠. 믿음은 현재를 통하여 긍정적인 미래를 바라보는 시각입니다. 믿음을 가질 때 당신이 가지고 성취하고 싶은 일들을 바라볼 수 있습니다. 만약 눈에 드러나는 현상만으로 삶을 바라본다면 주위의 온갖 문제와 골칫거리만 보일 것입니다.

지불해야 할 계산서가 눈앞에 쌓여가고, 회사의 실적은 부진을 면치 못하며, 당신의 안전을 위협하는 일들이 보이기 시작하죠. 인생을 살다보면 낙심할 일이 너무 많기에 우리는 소망을 가지고 믿음의 눈으로 보는 법을 배워야 합니다. 시각은 사물을 있는 그대로의 모습으로 바라보는 기능인 반면 소망은 사물을 장차 이루어질 형상으로 바라보는 능력임을 잊지 마세요.[28]

하나님은 천지를 주관하십니다. 하나님께 어려운 일은 없습니다. 우리의 믿음을 그분께 올려 드리면 모든 게 가능해집니다. 할렐루야!"

어떤 순간에는 부드러운 양모처럼 포근한 메시지를 전하다가도 어느 샌가 심령을 찌르는 검들이 즐비하게 늘어서 청중들을 긴장케 했다. 데이빗 목사는 여느 때처럼 강력한 기도에 대한 메시지로 강연을 클라이맥스로 이끌고 갔다.

▶ 하나님의 은혜를 무릎으로 구하라

"저 역시 좌절의 구덩이에 던져지기도 했습니다. 절망의 순간에 희망을 붙잡기 위해서는 대단한 믿음이 필요했습니다. 저는 절망의 순간에 거듭 하나님의 희망을 붙잡았습니다. 하나님의 약속의 말씀을 붙잡았습니다. 하나님께 역전의 은혜를 달라고 기도했습니다. 무릎을 꿇으면서 인내하고, 무릎을 꿇으면서 역전의 날을 준비했습니다.

눈물로 씨를 뿌리며 하나님께 역전승의 은혜를 구했습니다. 그리고 하나님께서는 그 기도에 응답하시고 성령사역자로서의 삶을 선물로 주셨습니다. 이번에는 당신 차례입니다.

여러분, 인생을 역전시키는 하나님의 은혜를 무릎으로 구하십시오. 제가 여러분께 전했던 기도의 원리를 가슴에 새겨야 합니다.

야베스처럼 기도하세요. 부르짖어 기도하세요. 예수님의 기도 습관을 닮아 가시길 바랍니다. 응답 받는 믿음의 기도를 드리세요. 당신의 삶이 기도가 되게 하세요. 목숨을 걸고 기도하세요. 기도의 삼겹줄을 만들며 기도의 멘토가 되길 기대합니다. 당신에게 축복의 날이 올 것입니다."

3년 전 데이빗 목사가 존에게 전해 준 편지의 내용이 이제는 4만 청중을 향해 다시 피어나고 있었다.

또 하나의 열매를 찾으시는 하나님의 마음이 스타디움에 울려 퍼지고 있었다.

내가 진실로 진실로 너희에게 이르노니
나를 믿는 자는 내가 하는 일을 그도 할 것이요
또한 그보다 큰일도 하리니
이는 내가 아버지께로 감이라(요 14:12).

epilogue

"기도여행의 주인공을 만납시다."

등장인물들은 실존 인물들을 모델로 한 것입니다.
그들의 간증은 실제의 체험에 바탕을 두었습니다.

▶ 백주석 목사 (데이빗 목사)

백주석 목사(광주포도원교회)는 언제나 꿈을 꾸는 비전의 멘토입니다. 누구나 다 꿈을 꾸지만 그 꿈의 내용은 같을 수 없습니다. 그의 꿈은 '하나님께 영광'이라는 분명한 목적이 살아 있는 꿈입니다. 하지만 언제나 오르막길이라 험난한 도전과 수고가 있습니다. 평범한 이들은 "왜 저렇게 어렵게 길을 갈까?" 하는 질문을 던질 법한 고난의 길을 기쁘게 걸어갑니다. 그런 힘은 수없이 많은 사선死線을 넘나들었던 광야의 훈련을 통과하면서 생겨났습니다. 그 단적인 예가 10장에서 언급한 '데이빗 목사의 이야기, 성 금요일의 추억' 입니다. 책에서는 스토리 전개 상 장소와 인물 등 배경을 바꿔 전달했으나, 이 이야기는 지난 2000년 미국 순회 부흥집회를 할 때 실제 일어난 일입니다.

그가 전하는 말씀은 날카롭고 예리합니다. 하나님 앞에 바로 서야 한다는 절절한 마음이 용솟음치게 합니다. 포도원 공동체는 이처럼 살아 운동력 있는 말씀을 먹고 자라왔습니다. 이 책도 2009년 2월, 성령께서 강력하게 역사하셨던 기도 부흥성회에서 전해진 말씀이 씨앗이 되어 집필이 시작되었습니다.

1982년, 논밭만 펼쳐진 땅, 광주의 변방이었던 진월동 단칸 2층에 기도와 예배의 작은 처소로 시작된 광주포도원교회. 그 겨자씨가 자라나 출석 교인 3,500명의 교회로 성장했습니다. 2010년 10월 준공을 목표로 건축이 진척되고 있는 비전 센터는 연건평 6,000평이 넘는 광주·전남지역 최대 규모의 호남 선교 거점으로 태어날 날을 기다리고 있습니다.

백주석 목사는 2004년 한국기독교 성령 100주년대회에서 성령100인에 선정되었으며, (사)세계성령운동중앙협의회 운영회장, 예장 300만 성도운동본부 홍보대사, 한국 OM국제선교회 훈련이사로 섬기고 있습니다. 호남신학대학교, 장로회신학대학대학원, 아세아 연합신학대학원을 거쳐 Faith Theological Seminary(D. Min)와 Yuin University(Ph.D)에서 수학했습니다.

▶ 홍공숙 권사 (홀리스)

홍공숙 권사(광주포도원교회)의 수첩에는 300여 명의 이름이 빼곡히 적혀 있습니다. 일반적인 전화번호부가 아닙니다. 전도 대상자들의 명단입니다. 그 300명의 이름을 날마다 부르며 기도합니다. 매년 수많은 결신자가 예수 그리스도를 구주로 영접합니다.

홍 권사는 "많은 사람을 옳은 데로 돌아오게 한 자는 별과 같이 영원토록 빛나리라"(단 12:3)는 성경의 말씀을 굳게 붙잡고 살아갑니다. 홍 권사가 15년을 한결같이 지켜 오는 주의 일이 있습니다. 그 하나는 회계 집사로서 헌신하는 것이요, 그 둘째는 새벽예배 시간 음향 부장으로 섬기는 일입니다. 새벽예배 시간의 기도를 목숨처럼 소중하게 여깁니다. 홍 권사의 꿈은 모두를 숙연하게 만들어 버립니다.

"여러분은 죽어서 어떤 비문을 남기고 싶으세요. 저는 이렇게 기도했답니다. 하나님, 제 비석에 이런 글이 남았으면 좋겠어요. 여기 기도의 사람, 전도의 사람 홍공숙 잠들다."

복음 전도를 위해 헌신하는 그녀에게 하나님께서는 많은 축복을 허락하셨습니다. 4장에서 기록한 '홀리스의 이야기' 처럼 외아들을 7년 만에 기도를 통해 선물 받았습니다. 남편이 대표 이사로 있는 (주)진아건설은 대통령 표창을 수여 받을 정도로 건실한 종합 건설사로 성장, 발전했습니다.

▶ 김정희 집사 (죠이)

"마치 잔잔한 호수가 제 가슴 속에 밀려들어 오는 느낌이었어요. 그 평온함을 잊을 수가 없지요. 말로 표현하기 어려운 평온함, 그날 이후 10여 년이 지난 지금까지 제 심장은 아주 건강하답니다."

협심증으로 인한 극심한 통증으로 고통 받던 김정희 집사(광주포도원교회)는 5장에 나오는 '죠이의 이야기' 의 주인공입니다.

1998년, 곡성 다니엘 수양관에서 열린 부흥 성회에서 김 집사는 극적인 치유의 은혜를 경험했습니다. 기도원 오르막을 오를 수 없을 정도로 병세가 깊었던 그녀는 백주석 목사의 치유 선포와 기도의 순간 하나님을 깊이 만났습니다.

셋째 딸 희락이도 태어나자마자 심장 판막증 판정을 받았습니다. 하지만 딸의 아픔도 하나님께서 거두어 가셨습니다. 물론 그 은혜 뒤에 눈물 가득한 그녀의 기도와 간구가 있었음은 물론입니다.

교회에서 마주치는 그녀의 표정에는 언제나 웃음이 떠나질 않습니다. 숨길 수 없는 영혼 깊은 곳에서 솟아나는 기쁨이 그대로 드러납니다.

찬양 사역, 문서 사역, 전도 사역, 연극을 통한 문화 사역, 호스피스 사역에 이르기까지 김정희 집사의 헌신의 발걸음은 늘 분주합니다. 15개 분야가 넘는 사역을 넘나들며 철인(?)처럼 살아가는 모습을 바라보면서 '열심'이라는 단어보다 '아름다움' 이라는 단어가 먼저 떠오르는 것은 혼자만의 생각이 아니리라 여겨집니다.

▶ **김광일 목사 (조나단)**

"저는 이제 완전히 다른 인생을 살고 있습니다. 신학을 공부하고 현재 평택에 교회를 개척해 날마다 기도하고 전도합니다. 제가 이렇게 변할 수 있다고 어느 누가 생각했겠어요. 그날이 없었다면 저는 그냥 그렇게 죽어갔을 거예요."

김광일 목사(새소망중앙교회)는 6장에 나오는 조나단의 실제 모델입니다. 그는 그를 변화시켰던 1998년 추석날 밤의 이야기를 담담하게 전합니다.

"그날 경기도 오산의 광명기도원을 찾았죠. 몸에는 암세포가 퍼져 가고, 다리는 절었어요. 금요 철야예배의 강사가 백주석 목사님이셨죠. 집회 마지막에 강력한 치유 기도를 하시는 거예요. 저는 이미 만신창이 같은 몸이었지만 한 번만 살려 달라는 간절함이 솟아나더라고요. 추석이라고 집회가 끝나자마자 모두 떠났지만, 저는 오갈 곳이 없어 기도원에서 그냥 기도했어요. 그 새벽에 기적 같은 치유가 제게 임하리라고는 상상도 못했죠."

그가 지나온 과거를 이야기할 때는 고개가 절로 흔들어집니다. 폭력과 밀수, 그리고 납치. 마치 소설 같았던 그의 삶은 기적 같은 추석날 밤을 계기로 완전히 변화되었습니다. 과거에 온갖 악행을 일삼던 그가 예수의 흔적을 안고 살아가는 전도자로 다시 태어난 것입니다.

그는 각종 집회에서 자신의 간증을 나누는 평신도 사역자로 살아가다 신학의 문을 두드렸습니다. 현재는 평택에 위치한 새소망중앙교회를 담임하고 있습니다.

▶ **최연재 목사 (찰스)**

"절망의 골짜기가 깊다는 것은 희망의 봉우리가 높다는 이야기입니다. 탄식만 가득한 칠흑 같은 어두움을 뚫고 새벽빛 같은 축복이 밝아 옵니다. 하나님의 손길 한 번이면 우리의 삶은 상상할 수 없는 반전을 통해 비전 인생이 됩니다. 성공 인생이 됩니다."

최연재 목사(비전교회)의 설교에는 희망이 가득 묻어납니다.

하나님께서 도우시면 삶의 모든 문제를 능히 이기고 남는다는 강한 긍정이 전해져 옵니다. 그가 어두움을 헤치고 나와서일 것입니다.

7장에서 존에게 믿음의 기도 원리를 '에브리띵Everything'으로 명쾌하게 설명한 찰스의 모델은 최연재 목사로부터 시작됐습니다.

'찰스의 이야기'에서 소개한 것처럼 그에게는 류머티스 질환으로 고통받던 세월이 있었습니다. 포도원교회 개척 초기 지하에 예배 처소가 있을 당시, 휠체어에 의지해 교회를 찾았던 그가 예수 그리스도를 만났습니다.

하나님의 은혜로 강건해진 그는 드럼과 트럼펫을 배워 찬양 사역자로 헌신하더니 어느 해 신학대학원에 진학했고, 이제는 목사로서 교회를 개척해 주의 종의 길을 신실하게 가고 있습니다.

건장한 최연재 목사를 가끔씩 만나는 순간이면 '그에게 언제 걷지도 못한 아픔의 세월이 있었나?' 하는 당연한 의문(?)이 슬며시 고개를 듭니다.

▶ **최일도 목사 (조슈아)**

『밥 짓는 시인 퍼 주는 사랑』으로 우리에게 다가온 '다일공동체'의 최일도 목사가 조슈아의 모델입니다. 유학을 준비하던 중 길에 쓰러진 할아버지에게 라면을 끓여 드린 일을 계기로 자신의 소명을 깨닫고 무료급식 사역에 뛰어든 최일도 목사.

8장에서 소개된 '조슈아의 이야기'는 최일도 목사의 저서 『마음열기』에 소개된 그의 간증을 각색하여 싣게 된 것입니다. 사역 초창기 집안일에는 관심을 둘레야 둘 수 없었던 그에게 아내가 이혼 통보를 했습니다. 그날따라 청량리에 자리 잡고 있던 무료 급식소 건물은 그야말로 난장판으로 변해 있었습니다.

오물로 뒤범벅이 된 건물, 예배당마저 십자가가 깨어져 나뒹구는 최악의 상황에서 그는 무작정 길을 나섭니다. 우여곡절 끝에 찾은 산 속 바위 위에서 사흘 밤낮을 통곡하던 최일도 목사.

약초를 캐는 할아버지에게 한 끼 식사를 구하다 들은 말은 그에게 주님의 음성처럼 들려왔습니다. "젊은 사람이 이렇게 살아서 쓰나. 청량리 가봐. 거기 최일도라는 사람이 자네 같은 사람 밥도 주고 도와준다고 하니."

그는 현재 다일복지재단 대표이사로, 다일천사병원 이사장으로 늘 사회의 소수자와 약자를 위한 나눔과 섬김을 실천하며 살아갑니다. 중국, 베트남, 캄보디아, 필리핀, 네팔 등지에도 다일공동체 해외 분원을 설립하여 가난과 질병으로 고통 받는 이웃들과 함께하고 있습니다.

▶ **백귀열 집사 (브라이트)**

"우리 회사의 모든 사업 추진은 기도로 시작하고 기도로 마무리됩니다. 매일 아침, 직원들이 모이면 예배와 기도로 하루를 열지요. 저는 명목상 대표일 뿐입니다. 하나님께서 우리 회사를 운영하고 계심을 언제나 깊이 느끼고 살아가지요.

기적 같은 축복을 주셨고 앞으로도 이끄시리라 확신합니다. 해외 출장과 사업상 외지 출타가 많지만 차에서든 비행기에서든 시간만 허락하면 기도하기 위해서 노력합니다. 저도 기도 때문에 살아난 사람 아닙니까."

8장에서 화살 기도의 위력을 설명하며 언제 어디서든 기도하라고 말하는 브라이트의 모델은 백귀열 집사(광주포도원교회)입니다. 그 또한 하나님의 섬세한 간섭 가운데서 은혜를 체험한 사람입니다.

"주일날 아침인데 제가 쓰러졌죠. 그때는 담배를 두세 갑씩 피워 댈 때에요. 끊질 못하겠더라고요. 그런데 폐에 결국 큰 문제가 발생했죠. 잘라내야 한다고 하는데 앞이 캄캄하고……. 그때 백 목사님이 제게 면회를 오셨어요. 수술할 때 하더라도 부흥회가 있으니 하나님께 먼저 매달려 보라고 이끌어주셨죠."

그는 수술비로 예상되는 전액을 헌금으로 올려 드렸습니다. 믿음의 표현이었습니다. 부흥회에서 눈물로 간구했고 거짓말처럼 폐가 회복되었습니다. 그때부터 그의 삶은 변화하기 시작했습니다.

현재 백귀열 집사는 유럽의 스포츠브랜드 스코노코리아Skono Korea의 대표이사입니다. 스코노코리아는 한국뿐만이 아니라 아시아 보급권 전체를 보유하고 있습니다. 사업을 본격적으로 시작한지 불과 4~5년이지만 젊은 이들에게 선풍적인 인기몰이를 하는 스포츠브랜드로 자리 잡았습니다.

▶ 황규승 전도사 (호프)

"죽은 노래를 그만두고 생명 있는 노래와 생명 있는 말을 하게 되어 무엇보다 기뻐요."

8장에서 브런치 토킹을 이끄는 복음 가수 호프. 모델링은 '노래하는 전도자'로 살고 있는 황규승 전도사(찬양하는교회) 입니다. 그는 불과 몇 년 전까지만 해도 대중가요만 부르던 통기타 가수였습니다. 그러다가 2002년 병원에서 시한부 선고를 받았습니다.

그를 물끄러미 쳐다보던 의사는 "혹시 가수 황규승 씨 맞나요? 어쩌자고 이렇게 망가졌나요? 난 하나님은 모르지만 가끔 당신 같은 사람을 살리더군요"라고 말했습니다.

"가끔 당신 같은 사람을 살리더군요." 그 말이 그의 가슴에 날아와 박혔습니다. 예수님을 모르는 사람이 한 말이었지만 그는 이때부터 기도하기 시작했습니다. 울며 기도하던 그의 입에선 처음 듣는 아름다운 노래가 흘러 나왔습니다. 그는 3개월 동안 120곡의 찬양을 작사·작곡했고 〈황규승의 고백〉이란 음반도 냈습니다. 그해 6월부터 서원했던 대로 전국 교회를 대상으로 찬양 간증 집회에 나섰습니다. 이미 병원에서 선고했던 죽음의 시간은 화살같이 지나가고 있었습니다.

그동안 세계와 전국을 누비며 1000여 번의 찬양 간증집회를 인도했습니다. 현재는 찬양하는교회를 개척 담임하고 있습니다.[29]

▶ 고수진 집사 (메리)

"형통한 날들보다 힘겨운 시간들이 더 많이 주님을 닮아 가게 하오. 억지로라도 순종한 믿음의 기억들이 기쁨으로 되돌아오네. 넉넉히 이길 힘을 주시는 주님께서 당신과 나 사이에 동행하시니 아무것도 염려하지 말라시는 말씀을 순종함이 옳지 않겠소."

2009년 5월, 아내와 함께 통기타를 들고 특송을 올려 드렸습니다. 찬양의 가사처럼 굴곡이 많았던 세월, 하지만 지금껏 헤쳐 나올 수 있었던 은혜의 기억 때문에 감사가 흘렀습니다.

필자의 아내인 고수진 집사(광주포도원교회)가 메리의 모델입니다. 내성적이고 자신을 잘 드러내지 않는 성격이었지만 신앙생활을 하면서 능동적인 스타일로 변화된 모습이 기쁘기만 합니다. 교회 학교의 교사로, 찬양단원으로, 문화학교 강사로, 경로당을 방문해 활동하는 사회복지 위원회 활동으로 열심히 헌신합니다. 무엇보다 매일매일 기도의 훈련을 쌓아 가는 모습이 아름답게만 보입니다.

▶ 문경주 집사 (존, 피터)

존과 피터의 모습에는 필자의 삶이 녹아들어 있습니다. 1장에서 나오는 존의 꿈은 2008년 1월, 제가 꾼 꿈의 내용을 각색한 것입니다.

실제로 연락을 기다리던 사람을 꿈에서 만났고, 그와의 전화 통화를 통해

결과를 전해 들었습니다. 그때의 충격을 어찌 말로다 표현할 수 있겠습니까. 꿈속의 일이 현실에서 동일하게 벌어지는 일은 경험해 보지 않은 사람은 실감이 잘 나지 않을 수 있으리라 생각됩니다.

8장에 소개된 '존의 이야기'도 아들 병일이 6살이었을 때 겪었던 실제 사건입니다. 그 내용에 더하거나 뺀 것이 전혀 없습니다. 어찌되었든 이런 사건은 믿음의 길에 뿌리를 내리는 데 호재로 작용했음이 분명합니다.

하나님의 섬세한 다루심을 체험하고서, 저는 과거의 나와 이별을 선언했습니다. 세상적인 습관을 끊고 기도의 생활을 회복했으며 평신도 사역자로 헌신하고자 하는 결단을 하는 시발점이 되었으니 이것만 생각하면 감사하지 않을 수 없습니다.

10장에서 캠프를 능숙하게 진행하는 피터의 모델링도 문화와 관련한 다양한 경험을 쌓아온 필자의 기억들이 씨앗이 되었습니다.

> 그러나 내가 가는 길을 그가 아시나니 그가 나를 단련하신 후에는 내가 순금같이 되어 나오리라(욥 23:10).

다양한 문화 사역을 통해 복음을 전하고 영혼을 살리는 일에 평생을 헌신하고 싶은 꿈이 이 작은 가슴속에 영글어 갑니다. 감사합니다.

주

1) 힐링리서치(Healing Research), 영적인 치유를 위한 상담, 교육 센터.
2) 멘토(Mentor) 에게서 상담이나 조언을 받는 사람.
3) 『국민일보』_역경의 열매_ 신일덕 기장 간증문, 2002.4.26.
4) 잭 D. 핫지(Jack D. Hodge), 『습관의 힘』(아이디북, 2004), 20~21쪽.
5) 특수 재질의 천을 이용해 각종 모형에서부터 대형 전시용 부스 등을 제작한다. 에어 펌프를 통해 공기를 주입하면 목적하는 조형물이 완성된다. 이벤트에서 임시 전시관, 퍼레이드용 조형물 등으로 활용되고 있다.
6) 〈ER: Emergency Room〉. 매일 삶과 죽음의 경계를 넘나드는 응급실 의사들의 삶을 그린 NBC TV 드라마.
7) 하용조, 『기도하면 행복해집니다』(두란노, 2009), 72~74쪽.
8) 김우종 외, 『살다보면 기도밖에는 아무것도 할 수 없는 순간들이 찾아온다』(정신세계사, 2008), 28~29쪽.
9) 동양선교교회 목회 서신, 새벽 기도의 사람이 누리는 축복 _http://www.omc.org.
10) 최일도, 『마음열기』(중앙M&B, 2003), 284~291쪽.
11) 김우종 외, 『살다 보면 기도밖에는 아무것도 할 수 없는 순간들이 찾아온다』(정신세계사, 2008), 10~11쪽.
12) 가이드포스트 편, 『삶을 너무도 사랑했기에』(가이드포스트 출판부, 2005), 122~128쪽.
13) 빌 하이벨스, 『너무 바빠서 기도합니다』(IVP, 2005).
14) 안상헌, 『내 삶을 만들어준 명언 노트』(랜덤하우스중앙, 2005), 156쪽.
15) 네비게이토 선교회 자료 _www.navigators.or.kr.
16) 장영희, 『살아온 기적 살아갈 기적』(샘터사, 2009).
17) http://cafe.daum.net/pado0392.
18) 김다윗, 『당신의 자녀도 거장이 될 수 있다』(생명의말씀사, 2006), 160쪽.
19) 백주식, 포도원교회 칼럼_도전하라, 2005. 3. 15.
20) 백주석, 포도원교회칼럼_강하고 담대하라, 2004.10.24.
21) 윤필교, 『내 인생의 퍼즐 한 조각』(가이드포스트, 2004), 64쪽.
22) 찰스 스탠리, 『하나님의 연금술』(넥서스CROSS, 2009), 18~25쪽.
23) 윤필교, 『내 인생의 퍼즐 한 조각』(가이드포스트, 2004), 158쪽.
24) 강준민, 『인생을 역전시키는 하나님의 은혜』(두란노, 2008), 6~7쪽.
25) http://cafe.daum.net/dm3179/13ep/166_행복충전소_여기까지 도우신 하나님.
26) 백주석, 포도원교회칼럼_ 소망 그리고 믿음, 2008. 1. 13.
27) http://blog.naver.com/wolf_sheep/30028655774_믿음은.
28) 마일즈 먼로, 『비전의 힘』(프리셉트, 2009), 124~125쪽.
29) 이지현, 『국민일보』_미션라이프_노래하는 전도자 황규승 집사, 2006. 1. 13.

Dream come true ...

"행복한 기도여행" 의 스토리는

해피엔딩으로 마무리되었습니다.

존은 평신도 사역자가 되어

멘토의 삶을 선물 받게 됩니다.

존은 제 모습이자 바로 여러분의 모습입니다.

우리, 빛나는 꿈을 꿉시다.

그리고 그 꿈을 위해

기도합시다.

생명의말씀사

사 | 명 | 선 | 언 | 문

> 너희가 흠이 없고 순전하여……세상에서 그들 가운데 빛들로
> 나타내며 생명의 말씀을 밝혀 (빌 2:15-16)

1. 생명을 담겠습니다.
만드는 책에 주님 주신 생명을 담겠습니다.
그 책으로 복음을 선포하겠습니다.

2. 말씀을 밝히겠습니다.
생명의 근본은 말씀입니다.
말씀을 밝혀 성도와 교회의 성장을 돕겠습니다.

3. 빛이 되겠습니다.
시대와 영혼의 어두움을 밝혀 주님 앞으로 이끄는
빛이 되는 책을 만들겠습니다.

4. 순전히 행하겠습니다.
책을 만들고 전하는 일과 경영하는 일에 부끄러움이 없는
정직함으로 행하겠습니다.

5. 끝까지 전파하겠습니다.
모든 사람에게, 땅 끝까지, 주님 오시는 그날까지
복음을 전하는 사명을 다하겠습니다.

생명의말씀사 서점안내

광화문점 110-061 종로구 신문로 1가 58-1 구세군 회관 2층
TEL. (02) 737-2288 / FAX. (02) 737-4623

강 남 점 137-909 서초구 잠원동 75-19 반포쇼핑타운 3동 2층 전관
TEL. (02) 595-1211 / FAX. (02) 595-3549

구 로 점 152-880 구로구 구로 3동 1123-1 3층
TEL. (02) 858-8744 / FAX. (02) 838-0653

노 원 점 139-200 노원구 상계동 749-4 삼봉빌딩 지하1층
TEL. (02) 938-7979 / FAX. (02) 3391-6169

분 당 점 463-824 경기도 성남시 분당구 서현동 269-5 서원프라자 서현문고 서관 4층
TEL. (031) 707-5566 / FAX. (031) 707-4999

신 촌 점 121-806 마포구 노고산동 107-1 동인빌딩 8층
TEL. (02) 702-1411 / FAX. (02) 702-1131

일 산 점 411-370 경기도 고양시 일산구 주엽동 83번지 레이크타운 지하 1층
TEL. (031) 916-8787 / FAX. (031) 916-8788

의정부점 484-010 경기도 의정부시 금오동 470-4 성산타워 3층
TEL. (031) 845-0600 / FAX. (031) 852-6930

인터넷서점

http://www.lifebook.co.kr